BestMasters

Mit **„BestMasters"** zeichnet Springer die besten Masterarbeiten aus, die an renommierten Hochschulen in Deutschland, Österreich und der Schweiz entstanden sind. Die mit Höchstnote ausgezeichneten Arbeiten wurden durch Gutachter zur Veröffentlichung empfohlen und behandeln aktuelle Themen aus unterschiedlichen Fachgebieten der Naturwissenschaften, Psychologie, Technik und Wirtschaftswissenschaften. Die Reihe wendet sich an Praktiker und Wissenschaftler gleichermaßen und soll insbesondere auch Nachwuchswissenschaftlern Orientierung geben.

Springer awards **"BestMasters"** to the best master's theses which have been completed at renowned Universities in Germany, Austria, and Switzerland. The studies received highest marks and were recommended for publication by supervisors. They address current issues from various fields of research in natural sciences, psychology, technology, and economics. The series addresses practitioners as well as scientists and, in particular, offers guidance for early stage researchers.

Weitere Bände in der Reihe http://www.springer.com/series/13198

Pirie Grützmacher

Second-Hand Luxus in Deutschland

Eine multidimensionale Erfassung des Kaufverhaltens

Springer Gabler

Pirie Grützmacher
Hochschule für angewandtes Management GmbH
Ismaning, Deutschland

Masterarbeit für den M.A. Wirtschaftspsychologie an der Hochschule für angewandtes Management, Ismaning.

ISSN 2625-3577 ISSN 2625-3615 (electronic)
BestMasters
ISBN 978-3-658-32066-9 ISBN 978-3-658-32067-6 (eBook)
https://doi.org/10.1007/978-3-658-32067-6

Die Deutsche Nationalbibliothek verzeichnet diese Publikation in der Deutschen Nationalbibliografie; detaillierte bibliografische Daten sind im Internet über http://dnb.d-nb.de abrufbar.

Planung/Lektorat: Carina Reibold
Springer Gabler ist ein Imprint der eingetragenen Gesellschaft Springer Fachmedien Wiesbaden GmbH und ist ein Teil von Springer Nature.
Die Anschrift der Gesellschaft ist: Abraham-Lincoln-Str. 46, 65189 Wiesbaden, Germany

Zusammenfassung

Vintage ist in – Second-Hand Luxus boomt. Jeder zehnte persönliche Luxusartikel wird mittlerweile gebraucht gekauft. Die Megatrends Re-Commerce, Nachhaltigkeit und Digitalisierung beeinflussen diesen Produktbereich wesentlich. Seine Bedeutsamkeit für Wissenschaft und Praxis wird jedoch bisher vernachlässigt.

Die im Februar 2018 in Zusammenarbeit mit der Statista GmbH Hamburg durchgeführte Befragung unter 418 Käufern von gebrauchten persönlichen Luxusartikeln untersucht erstmals die Kaufentscheidungsprozesse im High End Second-Hand Segment in Deutschland. Dabei werden auch persönlich-individuelle und gesellschaftlich-kulturelle Einflussfaktoren auf das Kaufverhalten betrachtet. Gleichzeitig wird ein breites Spektrum der konsumrelevanten Entscheidungsprozesse in der Vorkauf-, Kauf- und Konsum-/Nachkaufphase dargestellt. Auch werden mögliche geschlechts- und altersgruppenspezifische Unterschiede analysiert. Die Ergebnisse der Studie weisen auf ein enormes Wachstumspotential des High End Second-Hand Segments hin. Dieses korrespondiert derzeit mit einer nur mäßigen Kundenzufriedenheit. Gleichzeitig zeigt die Studie Veränderungen in der Kundenhaltung auf, die den gesamten zukünftigen Luxusmarkt beeinflussen können.

Inhaltsverzeichnis

Einleitung und Vorstellung der Arbeit

1

Dieses erste Kapitel liefert einen grundlegenden Überblick über die Thematik und allgemeine Ziele der Studie, sowie eine grafische Darstellung des geplanten Untersuchungsprozesses.

1.1 Einstieg in das Thema

Die Luxusindustrie boomt: Das weltweite Umsatzplus im Hochpreissegment wird sich dieses Jahr auf bis zu vier Prozent belaufen. Insbesondere der europäische Luxusmarkt hat sich in den letzten Jahren deutlich erholt und erwartet in diesem Jahr ein Umsatzplus von bis zu neun Prozent. Zu diesem Schluss kommt das Frühjahrs Update des „Worldwide Luxury Market Monitor 2017" der internationalen Managementberatung Bain & Company in Kooperation mit dem italienischen Verband der Luxusgüterhersteller Fondazione Altagamma (2017).

In den letzten Jahren haben zwei Entwicklungen die traditionelle Luxusindustrie in ihren Grundfesten verändert: Demokratisierung und Digitalisierung. Der Wunsch nach Genuss und den schönen und teureren Dingen des Lebens ist omnipräsent und stark ausgeprägt in allen sozioökonomischen Bevölkerungsschichten, ergab eine Studie des Instituts für Demoskopie Allensbach in 2006. Diese Begebenheit basiert zunächst auf der wachsenden Mittelschicht und dem assoziierten Wachstum des verfügbaren Einkommens. Doch auch der Zugang zu Luxus änderte sich im Zuge der Digitalisierung, die heutzutage eine der am schnellsten wachsenden Vertriebswege in der Luxusindustrie konstituiert. Neue Konsummuster resultierten ebenso in einem veränderten Zugang zu Luxus: Dubois & Laurent (1995) erörterten, dass sich der Luxusmarkt spektakulär von der ehemaligen „wohlhabenden, exklusiven Schicht" zu einer größeren Anzahl

P. Grützmacher, *Second-Hand Luxus in Deutschland*, BestMasters,
https://doi.org/10.1007/978-3-658-32067-6_1

von sogenannten „Ausflüglern“ entwickelt hat, die jetzt das Marktgeschehen mitgestalten. Diese Konsumenten drücken hybride Konsumgewohnheiten aus, indem sie trotz begrenzter Budgets überproportional agieren: Es wird Raum für situativen oder bereichsspezifischen Luxus geschaffen. Das nennt man selektiven Luxus, der von Dubois & Laurent (1996) metaphorisch als „der Mercedes-Fahrer, der bei Aldi einkauft“ dargestellt wird. Luxus wird heutzutage praktisch in allen demographischen Segmenten konsumiert (Focus / Medialine, 2009).

Im dynamischen Spannungsfeld aus Demokratisierung und Digitalisierung der Luxusbranche, dem wachsenden Trend zur Nachhaltigkeit – unter anderem vor dem Hintergrund der einschneidenden Finanzkrise – sowie beflügelt durch die Proliferation von Re-Commerce hat sich während der letzten drei Jahre ein neues Segment innerhalb der Luxusbranche gebildet: High End Second-Hand. Diese Sparte konzentriert sich auf den Verkauf hochwertiger gebrauchter Luxus- und Designerartikel sowie Vintageitems. Dabei gab immer schon Kenner, die ein Auge auf die (Haute-)Couture der Vergangenheit warfen. Der Hype der Vintage Designer Couture begann allerdings mit Julia Roberts auf der Oscar-Verleihung 2001: Sie stand da in einem zwanzig Jahre alten Kleid von Valentino Vintage und plötzlich fragte sich jeder, was „Vintage“ eigentlich bedeutet (Abbildung 1.1).

Abbildung 1.1 Julia Roberts auf der Oscar-Verleihung 2001. (Bunte, 2018)

Der Begriff leitet sich von der Verwendung in der Weinkunde ab, in der *Vintage* den Jahrgang oder die Lese eines Weines bezeichnet. Doch was heißt es nun? „Vintage“ steht für Einzigartigkeit, Zeitlosigkeit, Wert- und Nachhaltigkeit. Birgit Gräfin Tyskiewicz, selbst Inhaberin eines Luxus-Modelabels, erörtert: „*Vintage* setzt sich deutlich von *used* ab. Man könnte es vielleicht mit einem Auto vergleichen: das eine ist gefahren, benutzt und hat an Wert verloren, das andere besitzt den Status des „Oldtimers“ und steigt im Wert. Emotional begegnet einem eine Kultur der Mode, die einzigartig ist: die Stoffe gleiten durch die Hand, die Schnitte sind raffiniert, aufwendig, schmeicheln der Figur und huldigen die Weiblichkeit. Das Auge kann sich nicht sattsehen an den Details und der Qualität, die Jahrzehnte überdauert.“ (Tyskiewicz, 2018). Viele Luxus-Designer von Dior bis Gucci und Valentino haben sich immer wieder an eigenen Archiven orientiert oder Vintage direkt als Vorbild für aktuelle Kollektionen genommen. Diese Orientierung an der Vergangenheit ist historisch gesehen nichts Neues: „Auch frühere Zeitalter haben ihre Altertümer gerne wiederaufleben lassen“, schreibt Simon Reynolds (2012) in seinem Buch „Retromania – Wenn der Popkultur die Vergangenheit ausgeht“. Beispielsweise wurde in der Renaissance der griechische Klassizismus idealisiert, und in der Neugotik mittelalterliche Elemente zum Vorbild genommen. Doch Reynolds resümiert, dass es historisch gesehen noch nie eine Gesellschaft gab, die so fokussiert auf die Kultur ihrer jüngsten Vergangenheit war, wie wir heute.

Aktuelle Marktanalysen von Bain & Company (2016) ergaben, dass der weltweite Secondhand Markt im oberen Premium- und Luxussegment aktuell ein Marktvolumen von ca. 25-30 Milliarden Euro ausmacht. In der letzten Zeit ist die „Off Price“ Sparte sogar von allen Vertriebskanälen im Luxussegment am stärksten gewachsen: 23 % in den letzten drei Jahren (Bain & Company, 2016). Folglich ist die Marktdurchdringung dieses Subsegments exponentiell gewachsen: Jeder zehnte persönliche Luxusartikel auf der Welt wird inzwischen gebraucht – oder „vintage“ gekauft.

Seit Beginn des High End Second-Hand Trends vor einigen Jahren haben sich im deutschsprachigen Raum über 20 professionelle Anbieter gebrauchter persönlicher Luxusartikel etabliert.

1.2 Problemstellung

Trotz dieser enormen Bedeutung der High End Second-Hand Branche sind marktdatenbezogene oder kaufverhaltensrelevante Untersuchungen bislang kaum vorhanden. Analysen über das Kaufverhalten im Luxussegment konzentrieren sich bislang ausschließlich auf die „traditionelle“ Luxusbranche (Neuware) und dort prävalente Kauf- und Konsummotive.

Second-Hand Luxus boomt. Eine Analyse der Kaufverhaltensdynamik in diesem Bereich ist angesichts der aktuellen Entwicklungen in der Luxusindustrie unverzichtbar. Hierzu möchte die vorliegende Arbeit einen ersten Beitrag leisten.

1.3 Zentrale Forschungsfragen

Die vorliegende Arbeit beabsichtigt eine detaillierte Darstellung des Kaufverhaltens und entsprechender Kaufentscheidungsprozesse im High End Second-Hand Markt in Deutschland. Dieser Zielsetzung sind mehrere Forschungsfragen untergeordnet:

1. Welches zugrundeliegende Verständnis von Luxus weisen Käufer von gebrauchten persönlichen Luxusgütern auf?
2. Welche Einstellung zu Luxusartikeln haben Käufer von gebrauchten persönlichen Luxusgütern?
3. Wie findet die Informationsbeschaffung für einen Kauf von gebrauchten persönlichen Luxusgütern statt?
4. Was sind zugrundeliegende Kaufmotive für gebrauchte persönliche Luxusgüter?
5. Welche Vertriebskanäle präferieren Käufer von gebrauchten persönlichen Luxusgütern?
6. Welche Erwartungen haben Käufer von gebrauchten persönlichen Luxusgütern an die Produkte und High End Second-Hand Stores, sowohl online als auch offline?
7. Wann und warum werden gebrauchte persönliche Luxusgüter getragen?

1.4 Methodologie

Die Studie beruht auf einer quantitativen Datenerhebung durch die Statista GmbH in Hamburg. Die Online-Umfrage wurde vom 12.-22. Februar 2018 durchgeführt. Es wurden insgesamt 1015 Personen mit einem Jahresbruttohaushaltseinkommen von 39.000 Euro befragt. Diese mussten im Alter von 18-99 Jahren sein, mindestens einmal im Jahr shoppen gehen, und in den letzten drei Jahren mindestens ein persönliches Luxusgut (Accessoires, Schmuck, Taschen, Kleidung, Schuhe,

Uhren) von gängigen Luxusmarken neu oder gebraucht gekauft haben. Von diesen Befragten waren 418 Befragte Käufer von Second-Hand Personal Luxury Artikeln.

Die Datenauswertung und Analyse erfolgt mittels dem Statistical Program for Social Sciences (SPSS).

1.5 Bedeutung der Studie

Die Studie möchte einen ersten Beitrag zum besseren Verständnis der Kundendynamik im Second-Hand Luxusmarkt leisten. Mit dem vorliegenden Ansatz sollte eine möglichst umfassende deskriptive Abbildung der Kaufentscheidungsprozesse erreicht werden. Die gewonnenen Ergebnisse bieten interessante Hinweise auf Möglichkeiten der Neukundengewinnung, als auch zur Verbesserung der Kundenzufriedenheit im Luxussegment. Dies ist von besonderer Bedeutung für High End Second-Hand Anbieter, Luxusmarken und andere Entscheidungsträger der Branche.

1.6 Vorgehensweise

Kapitel 1: Einleitung und Vorstellung der Arbeit	
Ziel:	Vorstellung des Themas und grundlegender Aspekte der Arbeit.
Inhalt:	• Hinleitung zum Thema • Überblick über die Problemstellung • Zentrale Forschungsfragen • Methodologie • Bedeutung der Studie • Vorgehensweise

Kapitel 2: Konzeptioneller und theoretischer Hintergrund	
Ziel:	Klärung wesentlicher zugrundeliegender Konzepte und Theorien.
Inhalt:	• Das Konzept Luxus • Begriffsklärung Luxusgut • Der Markt für Luxusgüter • Luxus meets Re-Commerce: High End Second Hand • Grundprinzipien des Kaufverhaltens • Kaufverhaltensforschung im Luxussegment

Kapitel 3: Methodologie	
Ziel:	Erläuterung des theoretischen Konstrukts der Studie und der verwendeten methodologischen Operationalisierung.
Inhalt:	• Theoretisches Konstrukt • Operationalisierung • Untersuchungsmethode • Stichprobenspezifikation und Sampling • Analysemethode • Beurteilung der Testgüte

Kapitel 4: Ergebnisse	
Ziel:	Präsentation der Ergebnisse der quantitativen Befragung.
Inhalt:	• Screener • Demografischer Überblick über das Sample • Allgemeines Shoppingverhalten • Person/Umweltfaktoren • Kaufentscheidungsfindung • Kaufverhalten • Nachkaufverhalten • Hypothesentests

Kapitel 5: Diskussion	
Ziel:	Erörterung und Interpretation der Ergebnisse der quantitativen Befragung.
Inhalt:	• Zentrale Erkenntnisse der Studie • Wissenschaftliche Bedeutung der Studie • Implikationen für die Praxis

Kapitel 6: Fazit und Ausblick	
Ziel:	Abschließende Worte zur Studie.
Inhalt:	• Zusammenfassung • Ausblick

Konzeptioneller und theoretischer Hintergrund

2

Dieses Kapitel erläutert wesentliche zugrundeliegende konzeptionelle und theoretische Grundlagen.

2.1 Das Konzept von Luxus

Der Begriff Luxus ist seit über 2000 Jahren in Verwendung (Valtin, 2004). Es geht zurück auf die lateinischen Wörter Luxus und Luxuria, welche Überfluss, Verschwendung und Extravaganz bedeuten (Shanahan, 2010). Die Definition von Luxus wird seit jeher kontrovers diskutiert: Die Herausforderung besteht darin, dass er gleichzeitig eine subjektive Erfahrung, eine Kategorie und auch eine subtile moralische Kritik repräsentiert und daher letztendlich sowohl von der individuellen Wahrnehmung als auch vom sozialen Kontext abhängt (Preilowski, 2012). In diesem Zusammenhang haben sich die Ansätze zur Deutung von Luxus im Laufe der Zeit bemerkenswert verändert.

Insbesondere die Definitionen können dabei durch ihre Erklärungsgrundlage differenziert werden: Einerseits basieren Ansätze zur Beschreibung von Luxus auf quantitativen und qualitativen Überlegungen, die sich aus Verhaltensaspekten ergeben (Reich, 2005 & Shanahan, 2010). Auf der anderen Seite ist Reich (2005) zufolge in jüngerer Zeit eine sogenannte objektbasierte Perspektive entstanden.

Die ersten Definitionen von Luxus waren rein quantitativer Natur (Reich, 2005; Shanahan, 2010). Die Vorstellung war, dass Luxus mit erheblichem Aufwand verbunden ist, der über eine soziale Angemessenheit und einen wahrgenommenen „normale" Lebensstil hinausgeht. Dieser Ansatz birgt eine negative Konnotation: Luxus wird als Verschwendung sowie moralisch und ethisch unangemessen angesehen (Veblen, 1899 & Reitzle, 2001). Ein Wandel erfolgte im Zuge der

P. Grützmacher, *Second-Hand Luxus in Deutschland*, BestMasters,
https://doi.org/10.1007/978-3-658-32067-6_2

industriellen Revolution, die den Zugang zu und die Verfügbarkeit von Luxusgütern erheblich veränderte. Ab diesem Zeitpunkt wurde Luxus in einem qualitativen und positiven Licht gesehen: Luxus wurde mit gutem Geschmack, Lebensfreude, Eleganz, Stil/Klasse, Wohlbefinden und Intelligenz assoziiert (Mühlmann, 1975). Beide Ansätze existieren bis heute nebeneinander. Ein Überblick über repräsentative Definitionen für beide Verhaltensansätze ist nachstehend gegeben (Abbildung 2.1).

Quantitative Annäherung an das Konzept von Luxus		
Beispielhafte Definitionen		*Leitgedanke*
Veblen (1899)	Der Konsum von Luxusgütern wird als „demonstrative Verschwendung" angesehen. „Ein Artikel kann nützlich und verschwenderisch gleichermaßen sein."	Demonstrative Verschwendung. Nicht der Nutzen eines Produktes ist ausschlaggebend, sondern einzig sein Prestige.
Brockhaus (1970)	„Luxus ist Anstrengung, die deutlich weiter als der sozial als normal wahrgenommene Lebensstil geht. Luxus widerspricht moralischen Idealen."	Verschwendung, die weder normal noch moralisch vertretbar ist.
Von Krockow (1989)	„Luxus ist Exzess, der demonstrativ über normalen oder notwendigen Konsum hinausgeht."	Verschwendung, Protz
Reitzle (2001)	„Luxus ist Exzess und Verschwendung ohne Nutzen und ohne identifizierbaren Sinn."	Verschwendung und Exzess
Qualitative, verhaltensorientierte Annäherung an das Konzept von Luxus		
Beispielhafte Definitionen		*Leitgedanke*
Kapferer (1997)	„Luxus beinhaltet seine eigene Kultur und seinen eigenen Lebensstil: Saint Laurent ist nicht Chanel. Luxusgüter bieten mehr als reine Objekte es tun: Sie sind Zeugnisse guten Geschmacks."	Luxus als Ausdruck von Einzigartigkeit und gutem Geschmack
Belz (1994)	„Luxus vereint Begehrlichkeit mit dem nicht Notwendigen"	Begehrlichkeit von nicht notwendigen Gütern
Reitzle (2001)	„Luxus ist ein Lebensstil und intelligentes Nutzen von Ressourcen."	Intelligenz und Ästhetik

Abbildung 2.1 Quantitative und qualitative Ansätze zum Luxuskonzept. (Quelle: Eigene Grafik)

Der objektbasierte Erklärungsansatz für Luxus versteht ihn als Differenzierung zum Gewöhnlichen und Notwendigen. Definitionen in dieser Kategorie verweisen somit auf die systemischen, konstitutiven Merkmale von Luxus- und Luxusgütern. Es wird deutlich, dass Luxusgüter, insbesondere im Gegensatz zu Waren des täglichen Bedarfs, inter-kategorisch durch höhere Produktqualität, Seltenheit und ein höheres Preisniveau unterschieden werden können (Lasslop, 2002). Darüber hinaus betonen diese Definitionen den höheren Einfluss symbolisch-emotionaler Aspekte, der Luxus- und Luxusgütern zugeschrieben wird. Die folgende Tabelle gibt einen repräsentativen Überblick über diese Definitionen von Luxus (Abbildung 2.2).

Beispielhafte Definitionen		***Leitgedanke***
Bearden & Etzel (1982)	„Per Definition werden Alltagsgüter von allen besessen, während Luxusgüter einen bestimmten Grad an Exklusivität innehaben."	Exklusivität und Seltenheit
McKinsey (1990)	„Luxusgüter konnten schon immer einen hohen Preis rechtfertigen."	Preis als Indikator für Luxus
Dubois & Paternault (1995)	„Mehr als andere Güter werden Luxusgüter für das gekauft, was sie bedeuten, als für das was sie sind."	Symbolik von Luxus
Nueno & Quelch (1998)	„Luxusgüter sind solche, deren Verhältnis von funktionellem Nutzen zum Preis gering ist, während das Verhältnis von immateriellem Nutzen zum Preis hoch ist."	Symbolik und immaterielle Bedeutung
Kapferer (2000)	„Hergestellt in Perfektion, stechen Luxusgüter aus der Masse hervor und repräsentieren gewisse Ideale. Luxus bedeutet Schönheit; es ist Kunst angewandt auf funktionelle Gegenstände."	Perfektion, Symbolik
Vickers & Renand (2003)	„Luxusgüter sind Symbole persönlicher und sozialer Identität. Ihr Kernwert ist psychologischer Natur, und ihr Konsum hängt von persönlichen, sozialen und individuellen Aspekten ab."	Symbolik

Abbildung 2.2 Objektorientierte, systemische Ansätze zum Luxuskonzept. (Quelle: Eigene Grafik)

Castarede (2007) stellte fest, dass das Konzept von Luxus sehr symbolisch und subjektiv ist. Es hängt gleichermaßen vom jeweiligen individuellen und sozialen Kontext als auch von der Dynamik der Zeit ab. Dieser Umstand spiegelt sich in der permanenten Veränderung seiner Erscheinungsformen wider: Luxus ist anders für Menschen in westlichen Industrienationen als in Entwicklungsländern. Luxus ist anders für Menschen mit hohem als mit niedrigem Einkommen. Luxus ist dynamisch und laut Enzensberger (1996) relativ.

Da die Funktionalität von Luxusgütern selbstverständlich ist, haben Luxusgüter auch einen immateriellen Nutzen. Im Laufe der Zeit haben die symbolischen/immateriellen Überlegungen zum Luxus zugenommen und haben die rein materiell geprägte Luxuswahrnehmung weitgehend ersetzt. Insgesamt vereint der Begriff Luxus alle funktionalen, qualitativen und quantitativen sowie relativen und symbolischen Überlegungen. Bis heute unterliegt er einer normativen Bewertung und laufenden Diskussion. Fast alle Menschen haben eine ambivalente multidimensionale Haltung gegenüber dem Luxus, da sie Begehrlichkeit, Faszination und Exklusivität mit Abweichung von der Norm, Exzess und manchmal sogar Verschwendung verbinden (Dubois, Laurent & Czellar, 2001). So kommt auch Preilowski (2012) zu dem Schluss, dass eine einhellige Definition von Luxus praktisch nicht möglich ist.

2.2 Luxusgüter

In Bezug auf den Begriff der Luxusgüter sind zwei Aspekte von zentraler Bedeutung: Die Definition und damit verbundene Hauptmerkmale, sowie Produktklassen von Luxusgütern.

2.2.1 Luxusgüter: Eigenschaften und Definition

Auch wenn es Uneinigkeit über die exakte Bedeutung von Luxus gibt, identifiziert die Literatur zu diesem Thema einige zentrale Eigenschaften von Luxusgütern. Um die Attraktivität solcher Waren zu verstehen, ist es essentiell, ihre besondere „Persönlichkeit" zu verstehen: Luxusgüter besitzen einzigartige Eigenschaften, so dass potenzielle Verbraucher sie als solche wahrnehmen (Lasslop, 2002). Das Herzstück der Identität eines Luxusguts ist das Versprechen, dass der Nutzen weniger durch physisch-funktionale Faktoren, sondern eher durch abstrakte, symbolische und ästhetische Überlegungen bestimmt wird (Vukelic, 2000). Dies wurde in dem Spruch zusammengefasst: „Mehr als andere Produkte werden Luxusgüter für das gekauft, was sie bedeuten, jenseits dessen, was sie sind" (Dubois & Paternault, 1995). So tragen sowohl funktionale als auch indirekte Produkteigenschaften zur Wahrnehmung als Luxusgut bei. Auch hinsichtlich der Produktpolitik bestehen insbesondere im Hinblick auf Produktion und Design einige prägende Besonderheiten von Luxusgütern. Enorme Relevanz wird außergewöhnlichen und herausragenden Produktmerkmalen von Luxusgütern zugeschrieben (Kapferer, 1997). Ein Luxusgut muss höchste funktionale Erwartungen an Zuverlässigkeit, Qualität und Langlebigkeit erfüllen (Braun, 1997). Wie Belz (1994) feststellt, „werden Luxusgüter nicht allein dadurch zu Letzteren, dass sie als solche deklariert werden. Nur wenn Qualität, Leistung und das Marktimage die Wünsche der Kunden nach Exklusivität und Perfektion adäquat erfüllen, ist dies der Fall". Hohe Standards für Qualität und Qualitätskontrolle sind daher essentiell (Matlack, 2004).

Darüber hinaus sind Design und Kreativität wichtige extrinsische Produkteigenschaften von Luxusgütern (Lasslop, 2002). Ein weiteres charakteristisches Merkmal von Luxusgütern ist ihre Seltenheit: Produktionstechnisch wird Seltenheit oft strategisch genutzt, um die Begehrlichkeit zu erzeugen oder zu steigern (Lasslop, 2002): Beispielsweise wird das Produktionsvolumen bewusst weit unter dem Verkaufspotenzial gehalten, um die Attraktivität zu erhöhen. Dies ist als künstliche Verknappung bekannt. Der hohe Preis, das geringe Volumen und die geringe Verfügbarkeit werden instrumentalisiert, um eine Aura der Exklusivität zu bewirken (Braun, 1997). Dieses strategische Ziel spiegelt sich auch in der Vertriebspolitik von Luxusgütern wider: Selektive, oft exklusive Distribution ist die Norm. Dies ermöglicht es den Luxusgüterproduzenten, die Verfügbarkeit und Verteilung ihrer Waren so weit wie möglich zu kontrollieren und somit Seltenheit, Exklusivität und Attraktivität zu gewährleisten.

Ebenfalls vermitteln Luxusläden das gewünschte Markenimage und Identität. Dies entspricht der eingebetteten Politik von „Luxus als Schlüsselprodukt“: Abgesehen von extrinsischen Produktmerkmalen spielen intrinsische auch eine Schlüsselrolle für Luxusgüter. Markenspezifische Faktoren wie Herkunft, Markenimage und Markenpersönlichkeit tragen zur Marke und damit zur intrinsischen Produktpersönlichkeit/Attraktivität bei und verweisen damit auf die Symbolik eines Luxusgutes. Dubois, Paternault & Czellar (2005) haben die prägenden Merkmale von Luxusgütern in eine Sechserliste zusammengefasst: Luxusgüter sind ihrer Meinung nach nicht notwendig, haben einen hohen Preis, hohe Produktqualität und ein hohes Maß an Einzigartigkeit, besondere Marken-/Produktbedeutung oder Geschichte, und bewirken eine besondere ästhetische oder hedonistische Produkterfahrung. Insgesamt kreieren diese Merkmale einen besonderen ideellen Wert für den Konsumenten, der über die greifbare Wirkung des Produkts hinausgeht (Valtin, 2004). In Bezug auf die Definition der Merkmale von Luxusgütern wird daher deutlich, dass sowohl extrinsische als auch intrinsische Produktfaktoren gewöhnliche Waren zu begehrten Luxusgütern machen. Darüber hinaus sind funktionale und indirekte (wie Marken- und Produktpräsentation) Merkmale untrennbar mit einem Luxusgut verbunden. Ein Luxusprodukt ist weit mehr als die Summe seiner Funktionsmerkmale (Dubois, Paternault & Czellar, 2005).

2.2.2 Luxusgüter: Produktklassen

Was sind Luxusprodukte? Der Begriff Luxusgut wird häufig synonym mit „persönlichen Luxusgütern“ verwendet. Das (persönliche) Luxussegment umfasst überwiegend Accessoires (28%), gefolgt von Bekleidung (25%) und „harten“ Luxusgütern wie Schmuck und Uhren (23%). Kosmetik- und Pflegeprodukte machen 20% des Luxusmarktvolumens aus (Bain & Company, 2013). Häufig werden auch Elektronik und Autos zu den harten Luxusgütern gezählt (D’Arpizio, 2014). Der Luxury Business Report 2013 von Ernst & Young listet fünf Kernbereiche von Luxusgütern auf: Autos, Schmuck/Uhren, Mode/Accessoires, Interior Design und Genusswaren. Die Autoren geben jedoch zu, dass die „Kernbereiche“ von Luxusgütern dynamisch sind und sich von Jahr zu Jahr verändern (Ernst & Young, 2013). Im Allgemeinen erfüllen diese Waren das Bedürfnis der Konsumenten nach Zufriedenheit und sind normalerweise für andere sichtbar und werden für den mittel- bis langfristigen Gebrauch gekauft (Carr, 2013). In den letzten Jahrzehnten ist das Marktvolumen des (persönlichen) Luxusgütersegments stetig gestiegen (Statista, 2013; Focus/Medialine, 2009).

In dieser Studie werden persönliche Luxusgüter als Accessoires, Bekleidung, Schuhe, Schmuck und Uhren von Luxusmarken definiert.

2.3 Der Markt für Luxusgüter: Globale Dynamik

Nach der Klärung der Terminologie von Luxus und der charakteristischen Merkmale von Luxusgütern ist es wichtig, diese in einen angemessenen globalen Marktzusammenhang zu stellen. Dies umfasst sowohl die wirtschaftliche Performance der Branche als auch die eingebettete Marktdynamik auf Konsumenten- und Anbieterebene.

2.3.1 Marktüberblick Global

Der Luxusmarkt umfasst Luxusgüter und Luxusdienstleistungen (Focus/Medialine, 2009). Diese Studie konzentriert sich auf den Luxusgütermarkt. Letzterer hat, auch bedingt durch die globale Wirtschaftsdynamik, eine Achterbahn-Dekade hinter sich und erlebte Zeiten beispiellosen Konsums und tiefer Rezession (Bain & Company, 2014). Untersuchungen von Euromonitor International zeigen jedoch, dass die Attraktivität des Luxus hierdurch nicht negativ beeinflusst wurde: Westliche Verbraucher machen kleine Schritte zurück in den Luxuskonsum, während das Wirtschaftswachstum in den vier aufstrebenden Volkswirtschaften Brasilien, Russland, Indien und China neue Käufer von Luxusmarken hervorbringt (Euromonitor International, 2013). Auch Bain & Company erwartet in den nächsten Jahren im weltweiten Luxusmarkt ein Umsatzplus von ca. vier Prozent jährlich, ausgehend von einem aktuellen Marktvolumen von 1,1 Billionen Euro im Jahr 2017.

Der Luxusmarkt wird zu fast 45% dominiert vom Automobilsegment. Fast 25% entfallen auf den persönlichen Luxusgütermarkt (Bain & Company, 2016). Dies entspricht einem Marktvolumen von ca. 249 Milliarden Euro. Das drittwichtigste Marktsegment ist die Hotellerie- und Reisebranche mit fast 20% (Abbildung 2.3).

Nach einer Prognose von Bain & Company aus dem Jahr 2014 wird der weltweite Absatz von persönlichen Luxusgütern in 2017 bei konstanten Wechselkursen um vier bis sechs Prozent steigen, verglichen mit 6,5 Prozent im Jahr

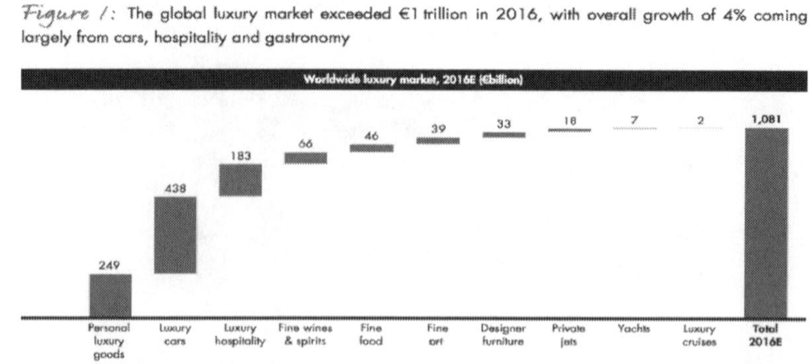

Abbildung 2.3 Zusammensetzung des globalen Luxusgütermarktes nach Marktanteilen 2016. (Quelle: Bain & Company (2016))

2013. Claudia D'Arpizio von Bain & Company zufolge wird dieses jährliche Wachstumsmuster zur „neuen Normalität" werden, wonach der globale persönliche Luxusgütermarkt ausgereift ist und in eine Phase stabilen, stetigen jährlichen Wachstums eintritt (Binnie & Walker, 2014). „Der Luxusmarkt konsolidiert und stabilisiert sich. Er wird widerstandsfähiger gegenüber Wirtschaftskrisen, reagiert auf eine anspruchsvolle und hochmobile globale Konsumentenbasis und ist weniger auf Wachstumsbooms angewiesen", erläutert Claudia D'Arpizio (2014). Aktuelle Studien ergänzen, dass derzeit der Trend zu Luxusaccessoires und Schmuck ungebrochen ist: Diese Segmente schlagen in der Wachstumsgeschwindigkeit seit eh und je den Gesamtluxusmarkt. Der Markt für persönliche Luxuswaren wird Prognosen zufolge bis 2020 um jährlich drei bis vier Prozent auf bis zu 285 Milliarden Euro zulegen (Bain & Company, 2017).

Betrachtet man die Wachstumszahlen im globalen Luxusgütermarkt, so lassen sich starke geografische Unterschiede in der Wachstumsdynamik erkennen (D'Arpizio, 2013; D'Arpizio, 2014) (Abbildung 2.4).

Untersuchungen von Bain & Company aus den letzten Jahren deuten darauf hin, dass Westeuropa, Amerika und Südostasien in den kommenden Jahren die Wachstumszentren des globalen Luxusmarkts sein werden. Zahlen von Datamonitor (2013) unterstützen diese Einschätzung. Vor allem das sogenannte „Andere Asien", also Südostasien mit Ausnahme von Japan, China und Südkorea, gewinnt für den globalen Luxusmarkt an Bedeutung: Internationale Firmen werden ihre Präsenz in diesen Märkten verstärken Die politische und wirtschaftliche Stabilität wird Investitionen anziehen, und die Zahl der Konsumenten mit mittlerem

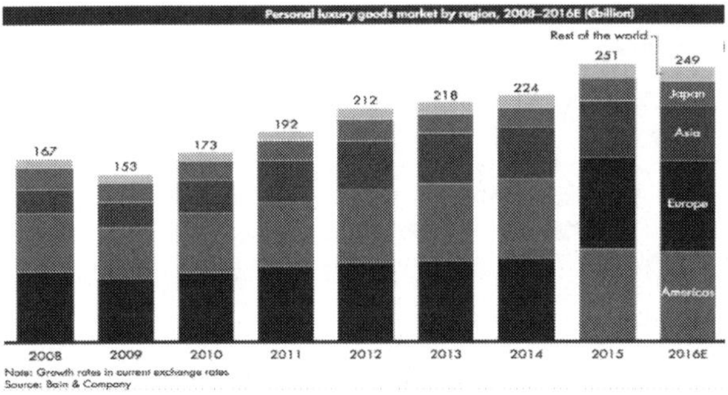

Abbildung 2.4 Regionale Zusammensetzung des persönlichen Luxusgütermarktes 2008–2016. (Quelle: Bain & Company (2016))

Einkommen steigt an (Bain & Company, 2014). Im Gegensatz dazu wird die politische Instabilität die Luxusausgaben in Russland umkehren. Sogar in China wird es aufgrund der Korruptionsbekämpfung zu leichten Einschnitten bei den Luxusausgaben kommen. Die Chinesen werden jedoch weiterhin die wichtigsten Überseekunden für Luxusgüter bleiben (D'Arpizio, 2014). Auch der wichtige japanische Luxusmarkt hat sich weitgehend von Währungs- und Wirtschaftsinstabilitäten erholt und ist auf einem erneuten Wachstumskurs. Dies unterstreicht die hohe Bedeutung des asiatischen Marktes für das persönliche Luxussegment.

Dennoch wird der traditionellere westeuropäische Markt stark bleiben, fügt D'Arpizio (2014) hinzu. Eine aktuelle Markteinschätzung von Bain & Company (2017) erwartet sogar, dass „Europa zum Zugpferd für die Luxusgüterbranche" wird, da es sich in kürzester Zeit von wirtschaftlicher Unsicherheit, Terrorismus und nachlassendem Tourismus erholt habe. Deshalb rechnet die europäische Luxusgüterbranche in 2018 mit einem deutlichen Umsatzplus von bis zu neun Prozent.

2.3.2 Marktüberblick Deutschland

Die deutsche Luxusindustrie ist weiterhin ein zentrales Segment der deutschen Wirtschaft. Aktuell umfasst der deutsche Luxusmarkt ein Marktvolumen von ca. 73 Milliarden Euro. Dabei wird der Markt zu fast 2/3 vom Automobilsegment dominiert, gefolgt von den persönlichen Luxusgütern Mode/Accessoires und Uhren/Schmuck, die etwa 10 Milliarden Jahresumsatz in Deutschland ausmachen. Bemerkenswert ist dabei, dass sich in den letzten Jahren alle Marktsegmente des deutschen Luxusgütermarktes stark entwickelt haben – Kategorien wie Mode und Accessoires, Uhren und Schmuck mit Wachstumsraten von teilweise über 20%. Das Automobil- und Einrichtungssegment im Luxusbereich verzeichnen Wachstumsraten von ca. acht Prozent jährlich.

Trotz des unsicheren internationalen Umfelds erzielte das Luxussegment selbst im Jahr 2016 ein Wachstum von sechs Prozent und ist in den letzten zehn Jahren um fast 50% gewachsen, berichtet die Strategieberatung Roland Berger in ihrem aktuellen Branchenmonitor 2017. Schon in den Vorjahren ist der deutsche Luxusmarkt jährlich zwischen 10–16% gewachsen und hat damit global prävalente Wachstumsraten stark übertroffen. Dieser Zustand stützt sich auf eine kontinuierlich steigende Binnennachfrage, ebenso wie eine zunehmende internationale Nachfrage nach Produkten „Made in Germany". Außergewöhnliche Qualität gepaart mit ansprechendem Design ziehen", erläutert Richard Federowski, Partner von Roland Berger. Das Leistungsvermögen des Luxusmarktes Deutschland ist jedoch noch nicht ausgeschöpft: Im Vergleich mit den anderen führenden Märkten hat der deutsche Markt im Hinblick auf das Verhältnis von Wirtschaftsleistung zu Luxuspenetration das Potenzial sich mehr als zu verdoppeln (Roland Berger, 2017).

2.3.3 Konsumdynamik

Die gesamte Kundenbasis des Luxussegments hat sich in den letzten Jahren in ihren Grundzügen gewandelt. Historisch war Luxus nur auf den aristokratischen Teil der Gesellschaft beschränkt: Könige und Königinnen genossen in allen Bereichen des Lebens allen erdenklichen Überfluss. Mit dem Beginn des Handels kamen die „reichen" Kaufleute und bedeutende Persönlichkeiten, die so genannte High-Society, hinzu. Luxus war nun hoch repräsentativ für Macht und Status. In den letzten Jahrzehnten konnte jedoch eine Demokratisierung des Luxus beobachtet werden. Luxus ist aktueller denn je: Der Wunsch der Kunden, das Leben in vollen Zügen zu genießen und sich an schönen, teureren Dingen zu erfreuen, steigt rasant über alle sozioökonomischen Ebenen hinweg, ergab eine Studie des Instituts für Demoskopie Allensbach in 2006. Luxus ist in und wird praktisch in allen demographischen Segmenten konsumiert (Focus/Medialine, 2009). Auf der Verbraucherebene geht der „Trend" zum Luxus auf zwei Faktoren zurück: In erster Linie ist eine wachsende Zahl von Verbrauchern materiell in der Lage und gewillt, Luxusgüter zu konsumieren (Lasslop, 2002). Dies ist darauf zurückzuführen, dass im globalen Maßstab ein Wachstum sowohl des verfügbaren Einkommens als auch der Größe der Mittelschicht in der Gesellschaft zu beobachten ist. Der Zugang zu Luxus und die Möglichkeit, Luxusgüter zu kaufen, nahm zu, während die Einstellung zum Luxus immer positiver wurde (Valtin, 2004). Gleichzeitig ist eine neue Art von Konsumenten im Luxussegment aufgetaucht: Dubois & Laurent (1995) haben herausgefunden, dass sich der Luxusmarkt spektakulär von der ehemaligen „wohlhabenden, exklusiven Schicht" zu einer größeren Anzahl von sogenannten „Ausflüglern" entwickelt hat, die jetzt das Marktgeschehen mitgestalten. Diese Konsumenten drücken hybride Konsumgewohnheiten aus, indem sie trotz begrenzter Budgets überproportional agieren: Es wird Raum für situativen oder bereichsspezifischen Luxus geschaffen. Das nennt man selektiven Luxus, der von Dubois & Laurent (1996) metaphorisch als „der Mercedes-Fahrer, der bei Aldi einkauft" dargestellt wird. Dies steht in erheblichem Gegensatz zum traditionellen allumfassenden Konsum von Luxusgütern durch bestimmte gesellschaftlich oder aristokratisch definierte Oberschichten. Nach Meinung der Autoren ist Partizipation in den Luxusmarkt heute eine Frage des Grades. Dieser hybride, demokratisierte Luxus hat den Luxusmarkt revolutioniert und die Konsumdynamik im Laufe der Zeit signifikant verändert.

Das sich wandelnde Konsumentenverhalten hat gezeigt, was Reich (2005) als grundlegende „Schicht"-Entwicklungen des Marktes bezeichnete: Der Konsum von Discount- und Luxusgütern nimmt zu. In der Mitte positionierte Güter sinken in ihrer Attraktivität, was als Verlust des Mittelphänomens bezeichnet wird (Becker, 1986/1988; Winterbauer, 2004). Das rasante Marktwachstum und die überdurchschnittlich attraktiven Margen im Luxusgeschäft haben zu immensen strukturellen Marktveränderungen geführt (Valtin, 2004). Immer mehr Firmen diversifizieren und betreten das Luxusgeschäft und verschärfen so den Wettbewerb (Nueno & Quelch, 1998): Marken werden horizontal gestreckt und Produktlinien erweitert, wodurch immer neue Produktfelder entstehen (Mazzalovo, 2003).

Laut der Boston Consulting Group prägen zwei Haupttreiber weiterhin den Konsumentenpool des Luxusmarktes: Die Entstehung einer Mittelschicht und das Wachstum des Wohlstands (Carr, 2013). Eine Demokratisierung des Luxus, Globalisierung der Distribution und neue Funktionalität des Konsums finden weiterhin statt. Unter der aufstrebenden Mittelschicht umfasst die „aspirationale Masse" 330 Millionen Verbraucher und 25–27 Prozent des Luxusmarkts; Die „aufstrebende Mittelklasse", bestehend aus „stolzen Geschäftsleuten", liegt bei weiteren 30% des Marktes. Hinsichtlich der Vermögenssituation können wiederum zwei Arten unterschieden werden: Neues Geld und altes Geld (Carr, 2013). Die Neureichen machen etwa 30–35% des Luxusmarkts aus. Die „Altreichen" können als „noble Unternehmer“ verallgemeinert werden und stellen 15–20 Prozent des Luxusmarktes. Eine Einschätzung von BCG unterstützt die Annahme, dass Luxus hybride geworden ist: Sowohl traditioneller als auch neuer unkonventioneller Luxus koexistiert, doch der Luxus der Mittelklasse beginnt mit etwa 60% des Marktanteils zu dominieren (Carr, 2013). Dieser Umstand unterstreicht die von Dubois & Laurent (1995) beschriebene Entwicklung, wonach sich der Luxusmarkt aus der vergangenen „exklusiven Gruppe von Reichen“ in Richtung einer großen Anzahl von sogenannten „Ausflüglern“ entwickelt hat, die jetzt am Markt teilnehmen.

In Deutschland gelten ca. 15% der Bevölkerung als „luxusaffin“ (Allensbacher Markt- und Werbeträgeranalyse, 2016). Dies entspricht ca. zwölf Millionen Menschen. Trotz einer eher konservativen Werteorientierung in Deutschland, in der Reichtum weniger gezeigt wird und soziale Marktwirtschaft sowie sozialer Ausgleich als gesellschaftliche Grundwerte gelten (vgl. Kössler & Heine, 2009), ist in den letzten Jahren ein rapider Einstellungswandel bei den Konsumenten über alle Altersklassen hinweg zu beobachten: Die Deutschen werden immer aufgeschlossener für Luxus, betont Roland Berger (2017) in seiner Studie zum Luxusmarkt. Die Typologie der Wünsche, mit 20.000 Interviews eine der größten repräsentativen Konsumentenstudie in Deutschland, ergab folgendes Bild:

- Im Zeitraum zwischen 2008 und 2011 lässt sich bei jungen wie auch älteren Konsumenten ein klarer Einstellungswandel erkennen – Luxusaffinität, Qualitäts- und Designbewusstsein steigen deutlich.
- Eine wachsende Zahl an Konsumenten hat „Lust auf Luxus“ – man gönnt sich etwas Exklusives und erfreut sich daran. Zudem ist Luxus als Ausdruck eigener Leistung sozial zunehmend anerkannt.
- Auch der Besuch von exklusiven Geschäften bereitet immer mehr Deutschen Freude.
- Die Bedeutung der Außenwirkung gekaufter Artikel nimmt sowohl bei jungen wie auch älteren Konsumenten zu. So erwirbt man sich ein gewisses Image mit dem richtigen Produkt.
- Der ästhetische und qualitative Anspruch steigt insgesamt, in allen Altersgruppen. Auch jüngere Konsumenten geben an, sich häufig bewusst für hochwertige Marken und allerbeste Qualität zu entscheiden.

Die neuartige Kundenstruktur im Luxusmarkt hat sowohl hinsichtlich Kundentyp als auch Beteiligungsgrad die Luxusindustrie nachhaltig verändert.

2.4 Luxus trifft Re-Commerce: Ein neues Segment entsteht

Die Statista-Studie Re-Commerce (2017) deckte auf: 59% der Deutschen sind der Auffassung, dass das Einkaufsverhalten einen großen Einfluss auf die Nachhaltigkeit hat. Fast 2/3 der Befragten geben zudem an, es sei ihnen wichtig oder sehr wichtig, sich im Hinblick auf ihr Einkaufsverhalten nachhaltig zu verhalten. Nur 7% ist dies eher oder sehr unwichtig. Der Megatrend Nachhaltigkeit macht daher auch nicht vor der Luxusbranche Halt: Werthaltigkeit, Value-for-Money-Überlegungen und Verantwortung sind in der Luxusindustrie aktueller denn je. Dies reflektiert auch ein neues Verständnis von Besitz: Während in den 80er und 90er Jahren des letzten Jahrhunderts Besitz ein wichtiges Statussymbol war, hat sich dies grundlegend verändert. Dies zeigt sich insbesondere in der rapide steigenden Popularität von Sharing- und Re-Commerce Angeboten, vor allem im Mode- und Accessoiresegment. Eine aktuelle Umfrage von Statista (2017) in Deutschland deckte in diesem Zusammenhang auf, dass 46% der Befragten Gebrauchtware bei Taschen/Koffern entweder gegenüber Neuware präferieren würden, oder es ihnen zumindest egal wäre, ob eine Tasche/Koffer Neu- oder Gebrauchtware sei. Bei Schmuck/Uhren liegt dieser Anteil der gegenüber Gebrauchtware aufgeschlossenen Konsumenten bei 36%, bei Mode 28% (Abbildung 2.5).

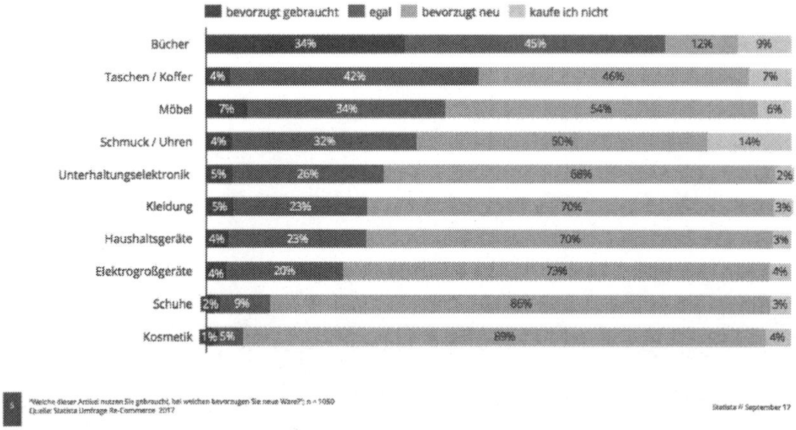

Abbildung 2.5 Top 10 der meistgekauften Produktkategorien in Deutschland nach Präferenz für Neu-/Gebrauchtkauf. (Quelle: Statista (2017))

Dies deutet darauf hin, dass sich die Haltung gegenüber Secondhand-Angeboten drastisch gewandelt hat: In den 70er Jahren der alternativen Szene vorbehalten, sind heutzutage Secondhand Mode und Accessoires bis in die höchsten Bevölkerungsschichten salonfähig. Der Kauf von Secondhand-Waren erlebte nicht nur durch Consumer-to-Consumer-Plattformen wie Ebay eine Renaissance. In den letzten Jahren haben die Trends zu Vintage-Waren, Umweltbewusstsein, Recycling und Upcycling Gebrauchtwaren noch stärker in das Bewusstsein der Konsumenten gerückt (Statista, 2017). Dieser Wandel ist auch durch aktuelle Modetrends gestützt: „Vintage ist in, und angesagter als je zuvor! Es darf gebraucht geshoppt werden. Heute sind im Luxussegment sowohl Produkte mit einer gewissen Patina gefragt, wie auch ungebraucht wirkende Artikel, bei denen Eingeweihte genau wissen, aus welcher limitierten Kollektion vor 10–50 Jahren sie stammen", erläutert Cécile Wickmann, die Chefin von Rebelle, einem der führenden Secondhand Onlineshops für gebrauchte Designerartikel in Deutschland (Kühn, 2017).

Secondhand wird so zum Ausdruck von Kennerschaft, zum „Besonderen des Besonderen" und ganz nebenbei zum Zeichen gegen Verschwendung. Gebrauchtwarenkäufer in Deutschland sehen die Kurzlebigkeit von Produkten und hohem Ressourcenverbrauch kritisch, wie eine aktuelle Studie von Statista (2017) hervorhebt (Abbildung 2.6).

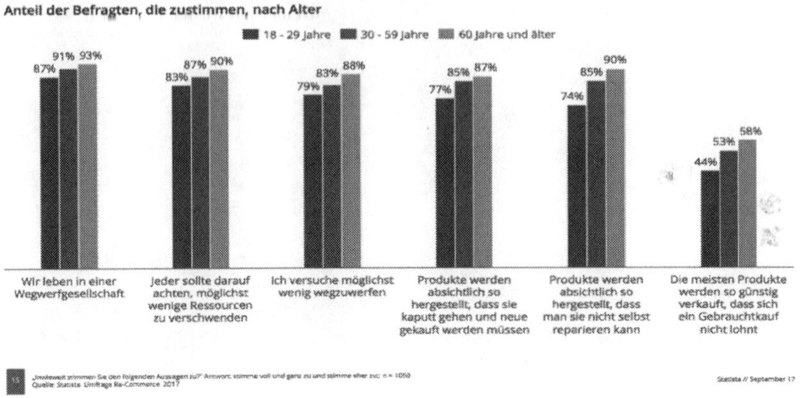

Abbildung 2.6 Zustimmung zu Aussagen zum Kaufverhalten im Hinblick auf Re-Commerce. (Quelle: Statista (2017))

Doch neben ökologisch-nachhaltigen Kaufmotiven für Gebrauchtware spielt auch der finanzielle Aspekt eine bedeutende Rolle: Vor allem jüngere Konsumenten nutzen die Chance auf Einzelstücke und Schnäppchen. Die Umsatzentwicklung der Luxusgüterindustrie wird in Zukunft maßgeblich von ebendieser Generation Y bestimmt. Bis 2025 werden 40 Prozent aller persönlichen Luxusgüterkäufe von den heute 16- bis 35-Jährigen getätigt – 13% mehr als noch 2016. Das sind Ergebnisse der aktuellen Studie „The Millennial State of Mind", die Bain & Company 2016 zusammen mit Farfetch veröffentlicht hat.

Der hohe Stellenwert der finanziellen Kaufbeweggründe reflektiert die auch in der Luxusindustrie spürbaren wirtschaftlichen Turbulenzen der letzten Jahre: Die Preissensibilität gerade bei Konsumenten der Mittelschicht hat zugenommen. Ebenso erwarten immer mehr Kunden für ihr Geld einen höheren Luxuswert (Bain & Company, 2016). Qualität, Garantie, und der Zustand eines Artikels sind dabei Hauptkriterien für den Kauf eines Gebrauchtartikels (Statista, 2017) (Abbildung 2.7).

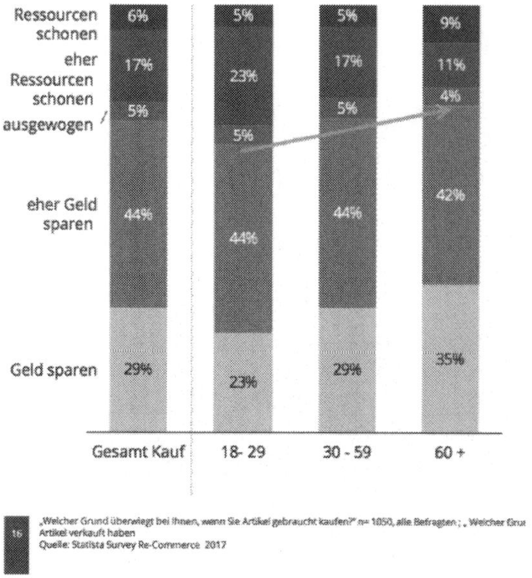

Abbildung 2.7 Gründe für den Kauf gebrauchter Artikel, nach Alter. (Quelle: Statista (2017))

78% der Gebrauchtwaren werden in Deutschland online gekauft (Statista, 2017). Damit spielt die Digitalisierung eine wesentliche Rolle im Second-Hand Segment. Digitale Vertriebskanäle sind auch im Luxussegment auf dem Vormarsch, belegen aktuelle Studien von Bain & Company (2017): Der stationäre Einzelhandel, der bis 2015 noch zulegte, hat 2016 weltweit an Dynamik verloren. Dagegen führte die rapide Wachstumsgeschwindigkeit des Onlinehandels von bis zu 20% jährlich seit 2007 zu einem E-Commerce-Anteil in der Luxusbranche von aktuell acht Prozent. Bis 2025 wird erwartet, dass dieser Anteil auf 25% wächst. Diese Zunahme an digitalen Vertriebskanälen beflügelt durch die niedrigen Eintrittsschwellen die Verfügbarkeit und den Zugang zu Luxusgütern. „Der Weg zur Kaufentscheidung führt künftig deutlich häufiger über das Internet", ist sich Bain & Company (2017) sicher. Derzeit finden 70 Prozent aller Käufe weltweit in Interaktion mit dem Internet statt. Das heißt, Luxuskunden haben vor ihrer Kaufentscheidung mindestens die Webseite der Marke besucht. Darüber hinaus kaufen jüngere Konsumenten auch vermehrt im Internet. Von den Konsumenten zwischen 18 und 24 Jahren haben immerhin 14 Prozent ihren ersten Luxusartikel online erworben.

Das Zusammenspiel aus Re-Commerce, Nachhaltigkeit und Digitalisierung hat in Verbindung mit der neuartigen Konsumdynamik im Luxussegment zu einem neuen Teilsegment der Luxusbranche geführt: High End Second-Hand.

Preisreduzierte Produkte stellen schon heute 37 Prozent des Markts für persönliche Luxusgüter. Davon erwirtschafteten Outlets etwa rund ein Drittel des Umsatzes im „Off-Price"-Markt (Bain & Company, 2016). Aktuelle Marktanalysen von Bain & Company (2016) ergaben weiterhin, dass der Secondhand-Markt im oberen Premium- und Luxussegment aktuell ein Marktvolumen von ca. 25–30 Milliarden Euro ausmacht. Dies bedeutet, dass mehr als 10% aller persönlichen Luxusgüter inzwischen gebraucht gekauft werden. Die Marktdurchdringung von Outlets und Secondhand-Shops hat sich in den vergangenen drei Jahren nahezu verdoppelt. In den letzten Jahren ist die „Off Price" Sparte sogar von allen Vertriebskanälen im Luxussegment am stärksten gewachsen: 23% in den letzten drei Jahren (Abbildung 2.8).

Dies gefährdet zwar auf den ersten Blick den Absatz der Neuware im Luxussegment. Die Studienautoren von Bain & Company (2016) weisen aber darauf hin, dass durch diesen Gebrauchtmarkt mit hohen Wiederverkaufspreisen Luxusgüter an Werthaltigkeit und Attraktivität gewinnen – und gleichzeitig eine weitere Demokratisierung des Luxusmarktes stattfände, da sich mehr und mehr Menschen ein Luxusgut leisten können. Dies hat positive Auswirkungen auf den Gesamtwert von Produkten und Industrie, betonen Experten.

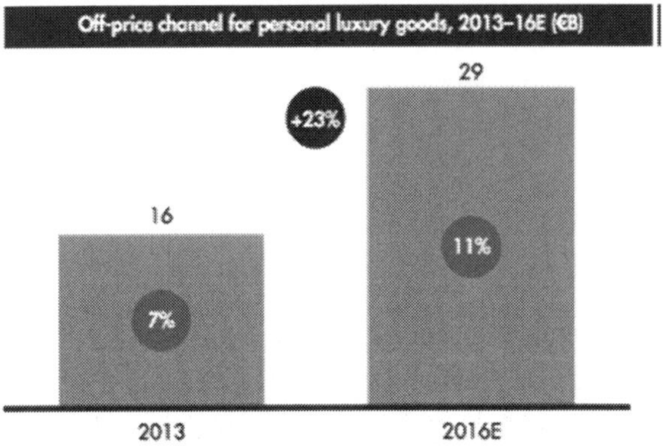

Abbildung 2.8 Wachstum des Off-Price Segments im persönlichen Luxusgütermarkt 2013–2016. (Quelle: Bain & Company (2016))

2.5 Grundlagen des Kaufverhaltens

Per Definition beinhaltet Konsumentenverhalten das Verhalten von Kunden beim Kauf, Ge- und Verbrauch von Gütern oder Leistungen (Gabler Wirtschaftslexikon, 2017). Bei der Erforschung und Erklärung des Konsumentenverhaltens nehmen verhaltenswissenschaftliche Theorien und Ansätze eine zentrale Stellung ein.

Die Wurzeln der verhaltenswissenschaftlichen Forschung zu Konsumverhalten sind im Behaviorismus zu sehen, der direkt beobachtbare Größen analysiert (Gabler Wirtschaftslexikon, 2017). Wahrnehmbar sind einerseits Stimuli/Reize, die auf ein Individuum einwirken (z. B. Verkaufsförderungsaktionen) und andererseits die dadurch ausgelösten Reaktionen (z. B. der Produktkauf). Das Individuum wird in diesen Stimulus-Response-(SR)-Modellen als Black-Box aufgefasst, sodass die Frage, welche Prozesse im Individuum zum beobachtbaren Verhalten führen, auf dieser Basis nicht erklärt werden kann. Die nicht-beobachtbaren, intervenierenden Variablen strukturieren Vorgänge innerhalb des Organismus, weshalb von SOR-Modellen gesprochen wird (Gabler Wirtschaftslexikon, 2017). Bis heute gilt dieses SOR-Schema (Abbildung 2.9) als eines der elementaren Modelle des Kaufverhaltens.

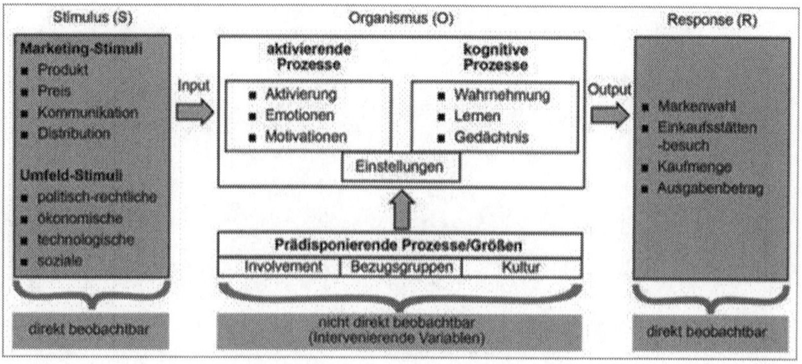

Abbildung 2.9 SOR-Modell des Kaufverhaltens. (Quelle: Gabler Wirtschaftslexikon (2017))

Im Verlauf der sechziger Jahre setzte sich die Erkenntnis durch, dass man verstehen muss, was eine Person (= Organismus) denkt und fühlt, um deren (Kauf-)Verhalten erklären und beeinflussen zu können. Ausgehend von diesem Stimulus-Organismus-Response-Modell thematisiert die Konsumentenverhaltensforschung seither nicht nur die sichtbaren Reaktionen der Kunden, sondern auch die im Organismus ablaufenden unsichtbaren Phasen des Kaufentscheidungsprozesses.

Auf den Kaufprozess wirken verschiedene Faktoren ein, die das Kaufverhalten der Konsumenten beeinflussen. Diese können grundsätzlich in psychische Komponenten und Umweltdeterminanten unterteilt werden. Diese Determinanten des individuellen Kaufverhaltens sind Grundlage jeder verhaltenswissenschaftlichen Erklärung des Konsumentenverhaltens. Die Vielfalt der Sichtweisen kann in einem Schalenmodell zusammengetragen werden, das eine Trennung zwischen psychischen, persönlichen sowie sozialen und kulturellen Determinanten ermöglicht (Abbildung 2.10).

Hierbei entsprechen die psychischen Determinanten, die sich in aktivierende und kognitive Prozesse unterscheiden lassen, den Kernüberlegungen der SOR-Modelle.

Bei den aktivierenden Abläufen handelt es sich nach Kroeber-Riel & Gröppel-Klein (2013) um menschliche Antriebskräfte, die das Individuum mit Energie versorgen, die Reaktionen antreiben und dafür verantwortlich sind, dass Verhalten überhaupt zustande kommt. Emotion, Motivation und Einstellung sind intervenierende Variablen, die herangezogen werden können, um das Zustandekommen

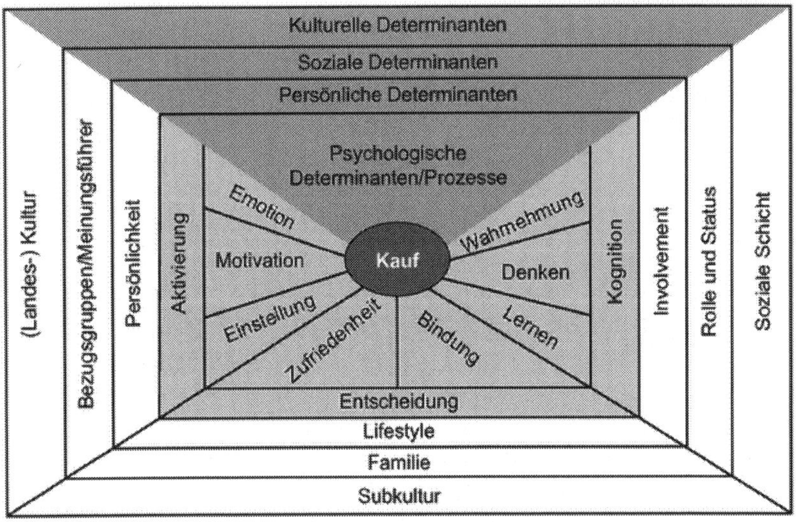

Abbildung 2.10 Schalenmodell der personell-kulturellen Einflussfaktoren auf das Konsumentenverhalten. (Quelle: Gabler Wirtschaftslexikon (2017))

menschlichen Verhaltens zu erklären: Emotionen beeinflussen in starkem Maße den Grad der Aktivierung eines Individuums. Den Emotionen kommt daher eine Schlüsselrolle bei der Aufnahme von Stimuli zu. Emotionen versetzen das Individuum in einen Erregungs- oder Spannungszustand. Erst in Verbindung mit einem Bedürfnis (einer kognitiven Zielorientierung) führt dies dazu, dass Handeln entsteht. Letztendlich bestimmen Einstellungen dieses Handeln: Sie kanalisieren und vereinfachen das Verhalten, das heißt, im Rahmen von Entscheidungsprozessen werden diejenigen Alternativen vorgezogen, zu denen das Individuum eine positive hat. Einstellungen werden daher auch als gefühlsmäßig fundierte, meist relativ stabile Dispositionen des Individuums bezeichnet. Je positiver eine Einstellung zu einem Produkt ist, desto höher ist die Kaufwahrscheinlichkeit.

Auf kognitiver Ebene ist insbesondere der Aspekt der Wahrnehmung und der Informationsverarbeitung von großer Bedeutung für Kaufentscheidungen. Wahrnehmung ist ein selektiver, kognitiver Prozess, der Voraussetzung zur Herausbildung von Einstellungen und Images ist. Wahrnehmung ist dabei nicht nur eine passive Aufnahme von Reizen, vielmehr ist sie ein aktiver Vorgang der Informationsaufnahme und -verarbeitung, durch die eine Person ihre subjektive Umwelt selbst konstruiert (Nagtegaal, 2009).

Die Umweltdeterminanten entsprechen dem näheren sozialen Umfeld und dem weiteren sozialen (kulturellen) Kontext eines Konsumenten (Kroeber-Riel, Weinberg & Gröppel-Klein, 2009). Soziale Kräfte wirken auf das Fühlen, Denken und Handeln ein und beeinflussen Emotionen, Bedürfnisse, Einstellungen, Meinungen, Wahrnehmung und Lernprozesse – und damit das Kaufverhalten als Ganzes. In Bezug auf das nähere soziale Umfeld (Familie, Freunde) ist insbesondere die Theorie des Bezugsgruppeneinflusses auf Kaufentscheidungen für Produkte und Marken von Bearden & Etzel (1982) erwähnenswert: Sie unterschieden den Bezugsgruppeneinfluss nach Art des zu konsumierenden Gutes (Alltagsgüter vs. Luxusgüter). Im Falle eines direkten Konsums von dem Luxus zugerechneten Gütern postulierten die Autoren einen generell durchweg starken Bezugsgruppeneinfluss auf die Produktentscheidung. Bei öffentlich (sichtbar) konsumierten Luxusgütern sei zudem auch ein starker Einfluss auf die Markenwahl zu beobachten.

Die Zugehörigkeit zu einer sozialen Schicht ist überwiegend durch den Beruf bestimmt, aber auch durch Religion und kulturelle Wertesysteme. Die Sinus-Milieus sind ein etabliertes Gesellschafts- und Zielgruppenmodell, das Menschen nach ihren Lebensstilen und Werthaltungen gruppiert. Die Sinus-Milieus liefern ein wirklichkeitsgetreues Bild der soziokulturellen Vielfalt in Gesellschaften, in dem sie die Befindlichkeiten und Orientierungen der Menschen, ihre Werte, Lebensziele, Lebensstile und Einstellungen sowie ihren sozialen Hintergrund genau beschreiben (Sinus-Institut, 2017). Für Deutschland ergibt sich im Jahr 2017 folgendes Bild (Abbildung 2.11).

Der klassische Kaufprozess selbst wird meist in unterschiedliche Phasen unterteilt. Diese Einteilung ermöglicht eine umfassende, detaillierte phasenspezifische Analyse des Kaufverhaltens und einen darauf abgestimmten Einsatz von Marketinginstrumenten (vgl. Foscht & Swoboda, 2011). Das Phasenmodell des Kaufprozesses beschreibt den Wirkmechanismus beim Käufer vom Wahrnehmen eines Bedürfnisses (1), zur Informationssuche und -gewinnung (2) über die Bewertung von Alternativen (3) bis zur Phase der Kaufentscheidung (4). In der fünften Phase erfolgt dann eine Bewertung des Kaufs (Rossmann & Sonntag, 2013). Diese genannten Abschnitte werden häufig in 3 Hauptgruppen zusammengefasst: Ein Kaufprozess beginnt mit der Vorkaufsphase, bei der der Konsument sein Problem beziehungsweise sein Bedürfnis erkennt. Dies entspricht dem Kaufmotiv. Im nächsten Schritt sucht er dann nach Informationen, die anschließend evaluiert werden. Die Intensität dieser Stufe hängt vom Involvement und der Art der Kaufentscheidung (habitualisiert, extensiv, impulsiv, limitiert) ab. Nach der Evaluierung begibt sich der Konsument in die Kaufphase und identifiziert die zur Verfügung stehenden Alternativen. Der potentielle Käufer entscheidet

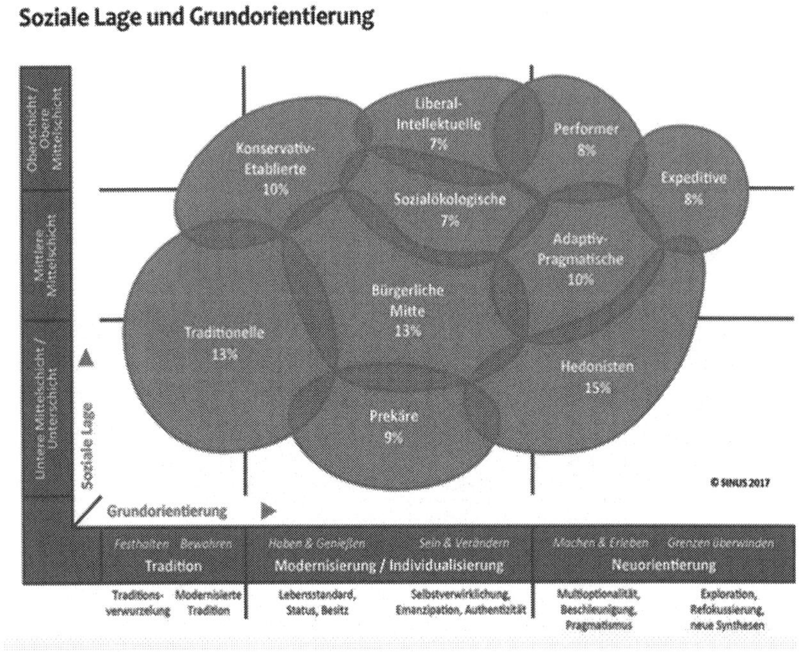

Abbildung 2.11 Sinus-Milieus in Deutschland 2017. (Quelle: Sinus-Institut (2017))

sich für eine Alternative und entwickelt eine Kaufabsicht. Anschließend kauft der Nutzer die ausgewählte Alternative und begibt sich in die Nachkauf- und Nutzungsphase. Im letzten Schritt werden die gemachten Erfahrungen evaluiert. Die Ergebnisse der Evaluierung beeinflussen wiederum die Vorkaufsphase. Somit ist jeder Kaufprozess ein Kreislauf, der die jeweils nächste Phase beeinflusst (Abbildung 2.12).

Bei der konkreten Evaluation des Konsumentenverhaltens sind Variationen dieses Prozesses anzunehmen, und je nach Produkttyp unterschiedliche Gewichtungen der einzelnen Phasen.

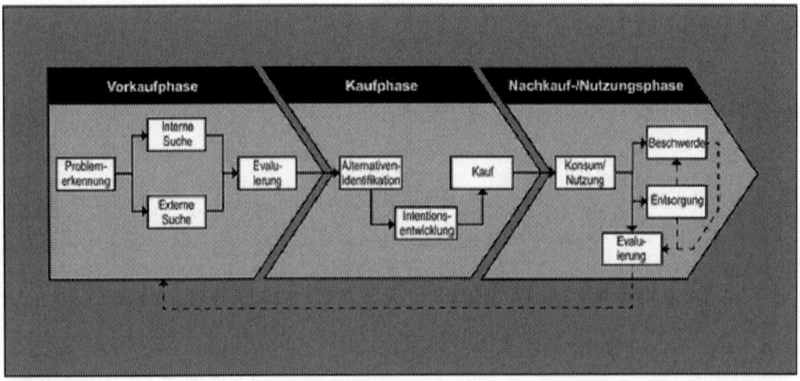

Abbildung 2.12 Phasenmodell des Kaufverhaltens. (Quelle: Gabler Wirtschaftslexikon (2017))

2.6 Kaufverhaltensforschung im Luxussegment

Verbraucherverhalten ist definiert als die Analyse der Verbraucher und ihrer Prozesse und Handlungen, die sie zur Auswahl, Verwendung (Konsum) und Entsorgung von Produkten und Dienstleistungen anwenden (Reich, 2005). Der Begriff „Konsum" in Verbindung mit dem Luxussegment ist begriffshistorisch jüngerer Herkunft. In den 1920er Jahren wird Konsum erstmals als „Befriedigung von Bedürfnissen des Menschen mit wirtschaftlichen Mitteln" erwähnt (Reith & Meyer, 2003). Im Bereich der Konsumforschung gibt es drei strukturelle Ansätze: Die sozioökonomische Denkschule, der sozialpsychologische Ansatz sowie die kognitiv-psychologische Strömung, die alle die zugrundeliegenden Motive und auslösenden Faktoren für den Konsum aus verschiedenen Perspektiven betrachten. Die folgende Grafik extrahiert die Kernaussagen dieser Ansätze (Abbildung 2.13):

Konsumtheorien sowie die Eigenschaften von Luxusgütern selbst werden so zu einer Kombination aus vier Eigenschaftsbereichen: Funktionelle und ideelle Produkteigenschaften, sowie extrinsische und intrinsische Motive. Insbesondere die Einstellung- und Motivforschung spielt damit eine zentrale Rolle in der Wissenschaft des Konsumverhaltens (Trommsdorff, 2002). Letztere dominiert bis heute die Kaufverhaltensforschung im Luxussegment: Die treibende Kraft hinter Konsumverhalten im Luxussegment und der daraus resultierenden Kaufentscheidung ist das Konzept der Begehrlichkeit (Morschett, 2002). Es wird definiert als „die

Konzept	Kernaussage
Luxus	Kann im Hinblick auf qualitative und quantitative Eigenschaften definiert werden. Die Evaluation hängt von individueller Einstellung ab.
Luxusgüter	Besitzen einzigartige materielle und immaterielle Produkteigenschaften.
Sozioökonomischer Konsumansatz Soziopsychologischer Konsumansatz	Extrinsische und intrinsische Konsummotive Funktionelle und ideelle Produkteigenschaften
Kognitiv-Psychologischer Ansatz	Produkte als Funktionen materieller und immaterieller Produkteigenschaften. Produkte zur Befriedigung extrinsischer und intrinsischer Motive.

Abbildung 2.13 Ansätze der Kaufverhaltensforschung. (Quelle: Eigene Grafik)

Anziehungskraft eines von einem Verbraucher wahrgenommenen Gutes, die sich aus der subjektiven Wahrnehmung und der wahrgenommenen Eignung dieses Gutes für die Befriedigung von Konsumentenwünschen / -ansprüchen ergibt. Es ruft ein starkes Verlangen hervor, das Gut zu besitzen“ (Reich, 2005). Begehrlichkeit ist eine Kombination aus positiven Einstellungen und motivierenden Neigungen, den Gegenstand zu kaufen. Es handelt sich also um einen individuellen Entscheidungsprozess, der auf der Bewertung bestimmter Merkmale/Qualitäten basiert (Trope, Liberman & Wakslak, 2007). Nach Kroeber-Riel & Weinberg (2003) können Einstellungen oder Motive als subjektiv wahrgenommene Eignung eines Gutes zur Befriedigung eines Wunsches oder einer Motivation beschrieben werden. Einstellungen und Motive besitzen drei inhärente Merkmale: gelehrt, systemabhängig von den individuellen Merkmalen und Präferenzen eines Menschen sowie einer objektbezogenen Dimension (Nieschlag et al, 2002). Beide Definitionen von Begehrlichkeit und die Eigenschaften von Einstellungen/Motive betonen, dass das Einstellungs-/Motivationskonzept der Begehrlichkeit zwei zentrale Dimensionen aufweist: eine objekt-/produktbezogene und eine konsumentenbezogene Herangehensweise. Dies sind zwei systemische Ansätze, um sich dem Thema Begehrlichkeit von Luxusgütern zu nähern (Reich, 2005). Die Kaufverhaltensforschung im Luxussegment konzentriert sich daher primär auf die Untersuchung der folgenden Parameter im Hinblick auf die Kaufentscheidung (Grützmacher, 2015) (Abbildung 2.14):

Dieser eher konservative, rein objekt- und konsumentenfokussierte Ansatz spiegelt die bis vor wenigen Jahren sehr traditionellen Konsumstrukturen im Luxussegment wieder: Marketing im Luxussegment war bislang sehr althergebracht auf Printmedien ausgerichtet oder fand in der persönlichen Interaktion mit betuchten Kunden statt; Kaufkanäle waren rein offline. In den letzten Jahren

Dimension	Parameter	Autoren
Objektbasiert	Funktionale Produkteigenschaften	Belz (1987); Keller (1993); Laurent (1996); Piron (2000); Dubois & Paternault (1997); Kisabaka (2001); Vazquez, Belen del Rio & Iglesias (2002); Vickers & Renand (2003); Valtin (2004)
Objektbasiert	Produktqualität	Belz (1987); Prendergast & Wong (2003); Valtin (2004)
Objektbasiert	Preis	Veblen (1899); Leibenstein (1950); McCarthy & Perreault (1987); Berkowitz et al. (1992); Rao & Bergen (1992); Groth & McDaniel (1993); Lichtenstein, Ridgway & Netemeyer (1993); Wood (1993)
Objektbasiert	Produktnutzen / Symbolismus	Dubois & Paternault (1997); Kapferer (2001); Vickers & Renand (2003), Keller (1993); Meffert (2004)
Objektbasiert	Design	Holbrook & Zirlin (1985); Bloch, Brunel & Arnold (2003); Prendergast & Wong (2003)
Objektbasiert	Ursprung, Herkunft	Dubois & Paternault (1997); Piron (2000)
Objektbasiert	Seltenheit	Hirsch (1980); Dubois & Paternault (1997); Nia & Zalchowsky (2000); Phau & Prendergast (2000); Kapferer (2001); Valtin (2004)
Objektbasiert	Verbreitung von Plagiaten	Dubois & Paternault (1997); Nia & Zalchowsky (2000)
Objektbasiert	Produktverfügbarkeit	Dubois & Paternault (1997); Vigneron & Johnson (1999); Nia & Zalchowsky (2000)
Objektbasiert	Produktpräsentation	Vigneron & Johnson (1999); Creasey (2013)
Objektbasiert	Vorheriger Produkt-/Markenbesitz	Dubois & Paternault (1997); Aaker (1999); Phau & Prendergast (2000); Kapferer (2001)
Objektbasiert	Markenattraktivität	Dubois & Paternault (1997); Meffert & Lasslop (2002); Valtin (2004)
Objektbasiert	Markenimage	Kapferer (1998); Diez (2002); Meffert & Lasslop (2002); O'Cass & Frost (2002); Valtin (2004); Parago Shoppers Study (2013)
Objektbasiert	Markenidentität	Adlwarth (1983); Diez (2002); Meffert & Lasslop (2002); O'Cass & Frost (2002); Valtin (2004)
Objektbasiert	Markenbekanntheit	Aaker (1992); Dubois & Paternault (1997); Bekmeier-Feuerhahn (1998); Kapferer (1998)
Objektbasiert / Konsumentenbasiert	Sichtbarkeit des Konsums / der Marke	Mason (1981); Bearden & Etzel (1982); Dubois & Paternault (1997); Meffert & Lasslop (2002); O'Cass/Frost (2002); Valtin (2004), Holman (1981); Veblen (1981); Brinberg & Plimpton (1986); Batra & Ahtola (1990); Phau & Prendergast (2000)
Konsumentenbasiert	Persönliche Einstellungen und Werte	Ajzen (1980); Breuer (1986); Dubois & Duquesne (1993); Dubois & Laurent (1994); Blackwell (2001); Trommsdorff (2002); Carr (2013); Teng (2013)
Konsumentenbasiert	Bedürfnis nach Individualität	Snyder & Fromkin (1980); Adlwarth (1983); Feemers (1992); Vigneron & Johnson (1999); Amaldoss et al (2002)
Konsumentenbasiert	Hedonismus	Meffert & Lasslop (2002); Vickers & Renand (2003); Valtin (2004); Shanahan (2010)
Konsumentenbasiert	Selbstverwirklichung	Aldwarth (1983); Solomon (1983); Belk (1988); Malhotra (1988); Dittmar (1994); Schuster (1994); Dubois & Paternault (1995); Bauer, Mäder & Huber (2000); Schau (2000); Lasslop (2002); Valtin (2004)
Konsumentenbasiert	Sozialer Referenzgruppeneinfluss	Rinsche (1961); Merton & Rossi (1968); Witt & Bruce (1972); Mason (1981); Veblen (1981); Brinberg & Plimpton (1986); Assael (1987); Fisher & Price (1992); Dittmar (1994); Shapiro & Varian (1999); Phau & Prendergast (2000); Amaldoss et al (2002); Valtin (2004)

Abbildung 2.14 Ansätze bestehender Studien zum Kaufverhalten im Luxussegment. (Quelle: Eigene Grafik (Grützmacher, 2015))

hat sich dies grundlegend gewandelt: E-Commerce ist einer der am schnellsten wachsenden Absatzkanäle im Luxussegment, und selbst in reifen Märkten recherchieren 70% der Kunden online vor dem Kauf (in wachsenden Märkten sogar 92%). Die Luxusindustrie ist im Zeitalter der Digitalisierung angekommen. Dies wirkt sich auch auf die Konsum- und Marketingforschung aus: Wie recherchieren Luxuskunden? Wie und wo kaufen sie? Welche digitalen und stationären Touchpoints nutzen sie? Wie kann dem scheinbaren Widerspruch zwischen Exklusivität und ständiger Verfügbarkeit begegnet werden? Und verstehen Luxusmarken die Möglichkeiten der Digitalisierung und Vernetzung der Lebenswelten optimal zu nutzen? Die Folgen, Herausforderungen und Chancen der Digitalisierung bestimmen die aktuelle Marketingforschung im Luxussegment. Hier seien insbesondere die Studie Digital Luxury Experience 2013 von Altagamma & McKinsey genannt, die Digital Luxury Study 2015 von WHITE Communications zum digitalen Such-

und Kaufverhalten von Luxuskunden, die Untersuchungen von Okonkwo (2009) zum Einfluss der Digitalisierung auf die Markenwahrnehmung im Luxussegment, sowie Erhebungen zum digitalen Such- und Kaufverhalten von Luxuskunden von Google (2013).

Entsprechend dieser Parameter digitales Kauf-/Suchverhalten oder objekt-/konsumbezogene Kaufmotive unternehmen einige Autoren eine Segmentierung/Clustering von Zielgruppen im Luxussegment: Die Analysten von Ernst & Young differenzierten auf der Basis gesellschaftlicher Strömungen und Wertesysteme vier Generationen von Luxuskonsumenten (Ernst & Young, 2017). Die Analysten von Google segmentieren beispielsweise nach Recherche- und Kaufverhalten in Relation zum Ursprungsland der Konsumenten.

Die Bain-Studie (2014) definiert sieben Kundensegmente – und legt den Fokus dabei insbesondere auf Geschmack und Kaufverhalten, weniger auf nationale Grenzen oder Generationen. Berücksichtigt werden Alter, Ausgaben, Produkt/Markenwahl und Kaufkanalwahl. Die sieben Segmente sind demnach Alleskäufer (25% der Luxuskunden), Überzeugte (20%), Investoren (13%), Hedonisten (12%), Konservative (16%), Desillusionierte (9%), sowie die Neugierigen (5%).

Bei einer genaueren Betrachtung dieser Herangehensweisen an die Untersuchung von Kaufverhaltensprozessen im Luxussegment fällt jedoch auf, dass Kaufmotive und Einstellungen sowie das Recherche/Kaufverhalten weitgehend separat voneinander behandelt werden. Eine ganzheitliche, prozessuale Analyse der einzelnen Kaufverhaltensphasen ist bislang nicht erfolgt. Ebenso stehen Untersuchungen zum Kaufverhalten speziell im High End Second-Hand Segment bislang noch aus. Zu dieser Forschungslücke möchte die vorliegende Arbeit einen ersten Beitrag leisten.

2.7 Herleitung der Fragestellungen und Hypothesen

Zunächst beabsichtigt die Studie eine umfassende Beschreibung der Kaufentscheidungsprozesse im High End Second-Hand Markt in Deutschland. Dies umfasst die folgenden übergeordneten Fragestellungen:

1. Welches zugrundeliegende Verständnis von Luxus weisen Käufer von gebrauchten persönlichen Luxusgütern auf?
2. Welche Einstellung zu Luxusartikeln haben Käufer von gebrauchten persönlichen Luxusgütern?

3. Wie findet die Informationsbeschaffung für einen Kauf von gebrauchten persönlichen Luxusgütern statt?
4. Was sind zugrundeliegende Kaufmotive für gebrauchte persönliche Luxusgüter?
5. Welche Vertriebskanäle präferieren Käufer von gebrauchten persönlichen Luxusgütern?
6. Welche Erwartungen haben Käufer von gebrauchten persönlichen Luxusgütern an die Produkte und High End Second-Hand Stores, sowohl online als auch offline?
7. Wann und warum werden gebrauchte persönliche Luxusgüter getragen?

Zusätzlich zu diesen prozessual-deskriptiv orientierten, übergeordneten Fragestellungen werden im Verlauf dieser Studie mehrere Hypothesen getestet. Dies betrifft Hypothesen zu geschlechts- und altersbezogenen Unterschieden in der Kaufentscheidungsfindung:

H_A1G: Es gibt geschlechtsbezogene Unterschiede in der Einstellung zu Luxus und Luxusgütern bei Käufern von gebrauchten persönlichen Luxusgütern.

Eine Studie von Stokeburger-Sauer & Teichmann (2011) zum geschlechtsspezifischen Kaufverhalten von Luxusmarken in den Segmenten Kleidung, Uhren und Parfüm ermittelte, dass weibliche Verbraucher eine positivere Einstellung zu Luxusmarken haben als männliche Luxuskonsumenten. Zudem messen sie den Aspekten Einzigartigkeit, Status und Genuss bei Luxusgütern einen höheren Stellenwert bei als männliche Konsumenten es tun. Auch Kim & Lee (2015) erforschten in einer US-Amerikanischen Studie den Einfluss von Geschlecht auf das Kaufverhalten im Luxussegment. Sie deckten auf, dass unter anderem das allgemeine Interesse und Wissen über Luxus bei weiblichen Klienten höher ist als bei Männern. Shome & Roy (2013) ermittelten in Indien einen statistisch signifikanten Einfluss des Geschlechts auf die Einstellung zu Luxusgütern in sechs von neun Produktkategorien von Luxusgütern. Nicht zuletzt Wiedmann, Hennigs & Siebel (2009) berichteten, dass in vorwiegend hedonistisch geprägten Clustern von Luxuskonsumenten Frauen stark überrepräsentiert seien.

Obwohl sich diese Studien allgemein auf Luxusgüter beziehen, wird vermutet, dass sich diese Dynamik auch bei gebrauchten persönlichen Luxusgütern widerspiegelt.

$H_0$2G: Es gibt keine geschlechtsbezogenen Unterschiede bezüglich des Informationsverhaltens zu persönlichen Luxusgütern bei Käufern von Second-Hand persönlichen Luxusgütern.

Trotz verschiedener Studien zum Informations- und Rechercheverhalten von Luxuskonsumenten (vgl. Digital Luxury Experience 2013, Digital Luxury Study

2015) wurde hierin der Einfluss geschlechtsbezogener Unterschiede nicht umfassend thematisiert. Vereinzelte Studien legen jedoch den Verdacht nahe, dass weibliche Konsumenten soziale Medien im Hinblick auf Luxus in selektiven Bereichen wie Trendrecherche und Informationssuche etwas öfter nutzen als männliche Kunden (vgl. Deloitte, 2015). Dennoch ist aufgrund der geringen Datenlage zunächst von einer Nullhypothese auszugehen.

H_A3G: Es gibt geschlechtsbezogene Unterschiede bezüglich der Kaufmotive für persönliche Luxusgüter bei Käufern von Second-Hand persönlichen Luxusgütern.

Generell ist zu beobachten, dass ca. 2/3 der Luxuskäufer weiblich sind – und dieses Verhältnis ist seit Jahren relativ konstant (Statista, 2018). Weibliche Luxuskonsumenten zeichnen sich laut Studien von Stokeburger-Sauer & Teichmann (2011) und Wiedmann, Hennigs & Siebel (2009) durch eine höhere Gewichtung von hedonistischen Aspekten beim Luxuskauf aus. Auch die Studie von Storm (2016) ermittelte signifikante Geschlechtsunterschiede hinsichtlich der Kaufmotive beim Kleidungskauf von Luxusmarken. Aufgrund dieser Datenlage ist eine Alternativhypothese anzunehmen.

$H_0$4G: Es gibt keine geschlechtsbezogenen Unterschiede bezüglich der präferierten Kaufkanäle für persönliche Luxusgüter bei Käufern von Second-Hand persönlichen Luxusgütern.

Kim & Lee (2015) berichteten im Rahmen ihrer Untersuchung des Kaufverhaltens von 1066 amerikanischen Luxuskonsumenten, dass Frauen einen höheren Wert auf einen sogenannten „Experiential Value", also den Wert und die Qualität der Kauferfahrung selbst bei einem Luxusstore legen. Da jedoch kaum weitere Studien zu diesem Thema existieren, ist von einer Nullhypothese auszugehen.

$H_0$5G: Es gibt keine geschlechtsbezogenen Unterschiede bezüglich der Zufriedenheit mit Second-Hand Luxusläden bei Käufern von Second-Hand persönlichen Luxusgütern.

Da bislang keine Untersuchungen zu Second-Hand Luxusläden vorliegen, ist hier von einer Nullhypothese auszugehen.

H_A6G: Es gibt geschlechtsbezogene Unterschiede bezüglich des Konsumverhaltens von persönlichen Luxusgütern bei Käufern von Second-Hand persönlichen Luxusgütern.

Die spezifischen Gefühle und Empfindungen beim Konsum von Luxusgütern wurden bislang kaum analysiert. Cohen & Luostarinen (n.d.) untersuchten in einer Stichprobe von 145 Studenten deren Empfindungen beim Konsum von Luxusgütern, jedoch ohne Berücksichtigung von demografischen Parametern.

Roux, Tafani & Vigneron (2016) stützen die These von geschlechtsspezifischen Unterschieden in den Konsummotiven bei Luxusgütern: Sie ermittelten, dass französische Frauen beim Luxuskonsum besonderen Wert auf Einzigartigkeit legen, während Männer ihrer Meinung nach eher Aspekte wie Exklusivität und Status priorisieren. Kim & Lee (2015) zufolge legen hingegen amerikanische Frauen einen deutlich höheren Wert auf Statusdemonstration durch Luxuskonsum. Auch Yu (2016) berichtete von Geschlechtsunterschieden in der Ausprägung verschiedener Luxuskonsummotive bei chinesischen Konsumenten. Im Hinblick auf Deutschland legt auch die Studie von Storm (2016) nahe, dass signifikante Geschlechtsunterschiede bei den Konsummotiven von Kleidung im Luxussegment bestehen.

Obwohl sich diese Studien auf den allgemeinen Konsum von Luxusgütern beziehen, wird vermutet, dass sich diese Dynamik auch im Konsum von Second-Hand persönlichen Luxusgütern widerspiegelt. Aus diesem Grund ist eine Alternativhypothese anzunehmen.

H_A1A: Es gibt altersbezogene Unterschiede in der Einstellung zu Luxus und Luxusgütern bei Käufern von Second-Hand persönlichen Luxusgütern.

Analog zu der sich über Generationen gewandelten Einstellung zu Luxus (vgl. Definitionen und Zugang zu Luxusgütern) ist auch von signifikanten altersbezogenen Unterschieden in der Einstellung zu Luxus und Luxusgütern bei Käufern von Second-Hand persönlichen Luxusgütern auszugehen. Diese These wird auch gestützt durch eine Studie von Hauck & Stanforth (2007), die von erheblichen signifikanten Unterschieden in der Wahrnehmung von Luxusgütern insbesondere zwischen älteren und jüngeren Konsumentengruppen berichten.

H_A2A: Es gibt altersbezogene Unterschiede bezüglich des Informationsverhaltens zu persönlichen Luxusgütern bei Käufern von Second-Hand persönlichen Luxusgütern.

Trotz verschiedener Studien zum Informations- und Rechercheverhalten von Luxuskonsumenten (vgl. Digital Luxury Experience 2013, Digital Luxury Study 2015) wurde hierin der Einfluss altersbezogener Unterschiede nicht thematisiert. Vereinzelte Studien befassen sich explizit mit dem Informationsverhalten von Millennials (vgl. Deloitte, 2016), nehmen jedoch keine intergenerationalen Vergleiche vor. Aufgrund der vielfach belegten Tendenz jüngerer Generationen zu Onlinemediennutzung (vgl. Reuters, 2017; Statista, 2017; Prensky, 2001) ist jedoch von einem Zusammenhang zwischen Alter und genutzten Informationsquellen auszugehen. Dies stützt eine Alternativhypothese.

H_A3A: Es gibt altersbezogene Unterschiede bezüglich der Kaufmotive für persönliche Luxusgüter bei Käufern von Second-Hand persönlichen Luxusgütern.

Die intergenerational unterschiedlichen Meinungen und Einstellungen zu Luxus und Luxusgüter legen nahe, dass auch hinsichtlich der Kaufmotive für Luxusgüter altersbezogene Unterschiede existieren. Dies deckt sich auch mit verschiedenen wissenschaftlichen Forschungsergebnissen: Eine Studie von Srinivasan, Srivastava & Bhanot (2014) unter 1200 Probanden in Mumbai ergab einen signifikanten Zusammenhang zwischen Alter und Kaufmotiven für Luxusgüter, insbesondere hinsichtlich der Gewichtung verschiedener Kaufmotive: Konsumenten bis zum Alter 40/50 Jahre legten danach höheren Wert auf Identitätsaspekte, materiell-demonstrativen Wert, sowie Einzigartigkeit. Die Altersgruppe von 36–40 Jahren priorisierte beim Kauf hingegen deutlich Prestigeeigenschaften des Produkts. Auch eine Studie von Hauck & Stanforth (2007) unter amerikanischen Luxuskonsumenten ergab altersspezifische Unterschiede in den Kaufmotiven für Luxusgüter, insbesondere zwischen der ältesten und jüngsten Altersgruppe.

$H_0$4A: Es gibt keine altersbezogenen Unterschiede bezüglich präferierter Kaufkanäle für persönliche Luxusgüter bei Käufern von Second-Hand persönlichen Luxusgütern.

Deloitte (2015) ermittelte in einer Befragung von englischen Luxuskonsumenten, dass jüngere Käufer häufiger Online shoppen. Dem gegenüber steht eine Studie von BCG (2016), wonach teilweise die ältesten Luxuskonsumenten in Japan und Russland am häufigsten Luxusgüter online kaufen. Demnach haben jüngere Luxuskonsumenten kein Monopol auf digitales Kaufverhalten.

Diese ambivalente Datenlage stützt eine Nullhypothese.

$H_0$5A: Es gibt keine altersbezogenen Unterschiede bezüglich der Zufriedenheit mit Second-Hand Luxusläden bei Käufern von Second-Hand persönlichen Luxusgütern.

Da bislang keine Untersuchungen zu Second-Hand Luxusläden vorliegen, ist hier von einer Nullhypothese auszugehen.

$H_0$6A: Es gibt keine altersbezogenen Unterschiede bezüglich des Konsumverhaltens von persönlichen Luxusgütern bei Käufern von Second-Hand persönlichen Luxusgütern.

Die spezifischen Gefühle und Empfindungen beim Konsum von Luxusgütern wurden bislang kaum untersucht. Lediglich Cohen & Luostarinen (n.d.) untersuchten in einer Stichprobe von 145 Studenten deren Empfindungen beim Konsum von Luxusgütern, jedoch ohne Berücksichtigung von demografischen Parametern.

Aus diesem Grund ist von einer Nullhypothese auszugehen.

Methodologie

3

Dieses dritte Kapitel erläutert das zugrundeliegende theoretische Konstrukt und die methodische Operationalisierung der Arbeit.

3.1 Theoretisches Rahmenmodell

Das Drei-Phasen-Modell des Kaufverhaltens nach Foscht & Swoboda (2011) mit der Vorkaufphase, Kaufphase und Nachkaufphase stellt die Grundlage für das theoretische Konstrukt der Arbeit.

Auf den Kaufprozess wirken verschiedene Einflüsse ein, die das Kaufverhalten der Konsumenten mitbestimmen. Diese können grundsätzlich nach psychischen Faktoren (Einstellung) und Umweltdeterminanten differenziert werden. Psychische Faktoren unterteilen sich dabei in aktivierende Prozesse (Emotion, Involvement, Einstellung) und kognitive Prozesse (Wahrnehmung/Informationsverarbeitung). Die Umweltdeterminanten lassen sich in zwei Bereiche untergliedern: Die Bezugsgruppen sowie das soziokulturelle Umfeld (Kroeber-Riel, Weinberg & Gröppel-Klein, 2009). Dies alles sind essentielle, beeinflussende Dispositionsfaktoren, die den gesamten Kaufprozess beeinflussen. Hieraus ergibt sich folgendes Rahmenkonstrukt (Abbildung 3.1):

Elektronisches Zusatzmaterial Die elektronische Version dieses Kapitels enthält Zusatzmaterial, das berechtigten Benutzern zur Verfügung steht https://doi.org/10.1007/978-3-658-32067-6_3

P. Grützmacher, *Second-Hand Luxus in Deutschland*, BestMasters,
https://doi.org/10.1007/978-3-658-32067-6_3

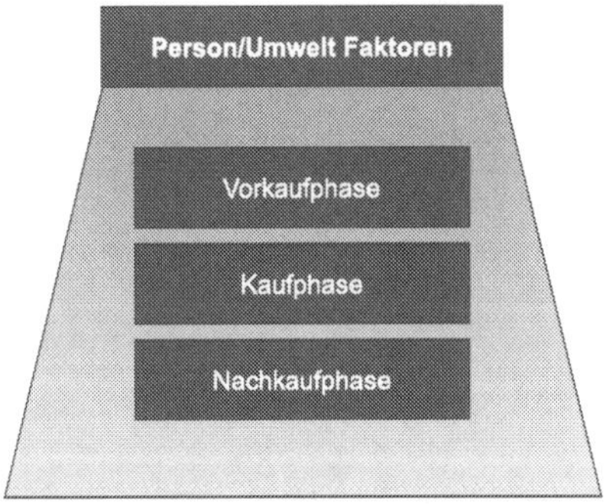

Abbildung 3.1 Theoretisches Rahmenkonstrukt der Studie. (Quelle: Eigene Grafik)

3.2 Operationalisierung

Entsprechend dieses theoretischen Konstrukts wurde der Fragebogen konstruiert. Es ergaben sich folgende Cluster von Items (Abbildung 3.2):

Person-Umwelt Faktoren
Psychische Faktoren
Umweltfaktoren

Vorkaufphase	Kaufphase	Nachkaufphase
Informationssuche	Kaufanbahnung	Konsumverhalten
Planung	Kaufkanalwahl	Zufriedenheit
Motiv	Kaufpräferenzen	Bindung
Evaluation von Alternativen	Kaufakt	
	Quantitative Kaufdetails	

Abbildung 3.2 Rahmenkonstrukt und Itemcluster der Studie. (Quelle: Eigene Grafik)

Dementsprechend wurden die einzelnen Items für diese Cluster gebildet. Eine genaue Zuordnung der Items findet sich in Anhang 1.

Der Fragebogen wurde in der Umfragesoftware Keyingress erstellt und programmiert.

3.3 Untersuchungsmethode

Dieser so konstruierte und operationalisierte Fragebogen wurde im Februar 2018 mittels einer quantitativen Online-Befragung durch die Statista GmbH durchgeführt. Der Paneldienstleister zur Rekrutierung der Probanden war Cint.

Die quantitative empirische Sozialforschung versucht, Phänomene anhand von Modellen, Zusammenhängen und zahlenmäßigen Ausprägungen möglichst objektiv abzubilden. So sollen zugrundeliegende Gemeinsamkeiten aufgedeckt und validierbar gemacht werden (Lederer, n.d.). Die quantitative Befragung ist eine etablierte Methode zur systematischen, standardisierten Erfassung von Meinungen und empirischen Sachverhalten. Dies geschieht zudem auf zielgerichtete, hochgradig standardisierte Art und Weise. Die Online-Befragung birgt einige zentrale Vorteile: Zum einen können Online-Fragebögen kostengünstig sehr breit und ortsunabhängig gestreut werden, wodurch hohe Fallzahlen erreicht werden (Brosius, Haas & Koschel, 2012). Hierdurch kann meist eine hohe Repräsentativität erzielt werden: Durch die Alokalität des Mediums sind zudem manche offline schwer erreichbare Personengruppen online erreichbar. Im Vergleich zu „traditionellen" Untersuchungen in der Psychologie ist empirisch erwiesen, dass online erhobene Stichproben eine deutlich größere Diversität (was das Alter, Beruf und ähnliche Variablen anbelangt) als offline erhobene Stichproben aufweisen (Gosling et al., 2004). Weitere Vorteile der Onlineumfrage sind Zeiteffizienz bei Erhebung, Auswertung und Präsentation der Daten, geringe Kosten, Automatisierbarkeit und somit hohe Objektivität. Es gibt keine Fehlerquellen durch Dateneingabe, keine Versuchsleiter-Effekte und keine Gruppeneffekte (Thielsch & Weltzin, 2009). Durch die Automatisierung und Filterfunktionen wird der Fragebogen für die Befragten sehr einfach zu bedienen (Hauptmanns, 1999).

Nachteile liegen vor allem in der unklaren Identität der Befragten (theoretisch gesehen sind Mehrfachantworten möglich) und der geringen Kontrolle über die Durchführungs-bedingungen: Es kann nicht ausgeschlossen werden, dass andere Personen den Probanden bei der Beantwortung beeinflussen, oder sogar für ihn antworten (Brosius, Haas & Koschel, 2012). Mittels eingestreuter Testfragen kann dieser Nachteil der geringen Kontrolle über die Qualität des Antwortverhaltens jedoch etwas reduziert werden. Ebenso können „Durchklicker", die aufgrund besonders schneller Beantwortung auffallen, eliminiert werden. Eine Garantie, dass wahrheitsgemäße Antworten gegeben werden, gibt es dennoch nicht. Dennoch ist bei quantitativen Befragungen von einer relativ hohen Datenqualität auszugehen.

Zudem bergen Meinungsbefragungen ein systemisches Problem: Insbesondere, wenn von einer Aussage auf Verhalten oder Handeln rückgeschlossen werden soll, zeigt sich oft, dass die geäußerte Meinung des Befragten über ein Verhalten oder Handeln vom tatsächlichen abweicht. Bei als sozial unerwünscht empfundenen Meinungen/Verhaltensweisen ist eine Tendenz zur psychologischen Rationalisierung bekannt: Befragte neigen dazu, diese nicht anzugeben und eher sozial erwünschte Antworten zu geben. Im Übrigen werden nur die gestellten Fragen beantwortet – Assoziationen, Unbewusstes oder Vorbewusstes von Probanden bleiben meist unentdeckt (Schenk, 2007). Dieser Umstand kann über die Option „Sonstige“ und offene Abfrage etwas minimiert werden.

Nach Abwägung dieser Vor- und Nachteile der quantitativen Onlinebefragung wird die Methode als gut geeignet zur Abbildung von Kaufentscheidungsprozessen im Luxussegment gesehen: In dieser Studie geht es um die deskriptive Abbildung von Motiven, Entscheidungsprozessen und Konsumverhalten im Hinblick auf den Kauf von High End Second-Hand Personal Luxury Artikeln. Hierfür ist eine möglichst große Stichprobe notwendig, um eine adäquate Repräsentativität im Hinblick auf die Grundgesamtheit der Bevölkerung zu gewährleisten. Dennoch ist bei diesem Vorgehen aufgrund der Durchführung als Onlineumfrage davon auszugehen, dass eine Häufung von „neueren“ Luxuskunden auftritt, da das kleine Segment der sehr traditionellen Luxuskäufer, die nicht oder wenig an der Onlinewelt teilhaben, vermutlich nicht durch den Paneldienstleister erfasst wird. Zur Steigerung der Datenqualität wurden neben Testfragen auch besondere Filterfunktionen eingebaut: Um falsch positive Antworten zu minimieren, wurde von Vornherein auf das obere 40% der Kaufkraft gefiltert – da niedrigere Einkommensklassen vermutlich wenig bis keine Luxusartikel kaufen, und in diesem Fall von falsch positiven Angaben auszugehen wäre.

Ein Vortest wurde zur Kontrolle der Verständlichkeit von Fragen, Antwortkategorien und Ausfüllanweisungen durchgeführt. Im Fokus des Vortests stehen zusätzlich die Nutzerfreundlichkeit und die technische Funktionalität (z.B. Fragebogenrouting). Der Vortest wurde vom 5–9.2.2018 mit 20 Probanden bei Statista durchgeführt.

3.4 Stichprobenspezifikation und Sampling

Die Gesamtstichprobe für diese Studie bestand aus 1015 Befragten. Die Stichprobenspezifikation für die Studie war Angehörigkeit zur deutschsprachigen Wohnbevölkerung, ein Alter zwischen 18 und 99 Jahren, und ein jährliches Haushaltsbruttoeinkommen von mindestens 39.000 Euro; dies entspricht dem oberen

Drittel der Kaufkraft in Deutschland. Entsprechend dieser Stichprobenspezifikation erfolgte eine einfache Zufallsstichprobe unter registrierten Onlinepanelisten des Anbieters CINT in Deutschland.

Die nächste Selektionsebene erfolgte im Fragebogen: Zunächst mussten Probanden eine standardisierte Fraud-Frage durchlaufen – bei Erfüllung von mehr als 5 Kriterien wurden sie als Ausreißer aussortiert. Probanden mussten eine Shoppinghäufigkeit (online oder offline) von mindestens einmal im Jahr und mindestens einen Kauf eines persönlichen Luxusguts (Accessoires, Schmuck, Taschen, Kleidung, Schuhe, Uhren) von gängigen Luxusmarken im Hochpreissegment in den letzten 36 Monaten angeben, um den Fragebogen vervollständigen zu können.

Für die vorliegende Arbeit wurden jedoch lediglich die 418 Probanden berücksichtigt, die angaben, schon einmal in Second-Hand Luxusshops (online oder offline) geschaut oder gekauft zu haben. Dies ist damit begründet, dass diese Stichprobe Aussagen zu kaufentscheidungsrelevanten Prozessen wie Einstellung, Informationssuche, Motive, Aufmerksamkeitstrigger sowie Verbesserungswünschen im Bereich Second-Hand Luxus machen kann. Diese Gruppe wird im Folgenden als „Käufer“ oder „Kunden“ von High End Second-Hand Shops bezeichnet.

3.5 Analysemethode

Vor der Auswertung der Daten erfolgte ein Qualitätscheck der Daten und Prüfung auf Stringenz. Dabei wurden folgende Kriterien angewandt:

- Elimination aller Probanden, die in der Eingangs-Fraud-Frage „Ich beziehe Sozialleistungen“ ausgewählt haben.
- Ausschluss aller Probanden, die weniger als 40% der Medianantwortzeit von 15 Minuten für den Fragebogen benötigt haben (Speeder-Check). Konkret hieß dies, dass alle Probanden mit Antwortzeiten bis sechs Minuten eliminiert wurden.
- Im nächsten Schritt erfolgte eine kumulierte Prüfung von drei Qualitätskriterien. Probanden die zwei der drei folgenden Kriterien erfüllten, wurden ebenfalls aus Qualitätsgründen ausgeschlossen:
  - Extrem hohe Werte (>1500) bei der Frage nach der Anzahl der in den letzten 3 Jahren gekauften persönlichen Luxusgüter.
  - Nichtbestehen der Qualitätsfrage „Bitte wählen Sie bei dieser Frage keine der möglichen Antworten aus und klicken Sie „weiter“.“

- Eingabe unvollständiger Wörter (z. B. wdbhjhjhk oder 123) in das Eingabefeld bei der Frage „Welches war Ihr bisher schönstes Luxus-Erlebnis? Stichworte reichen.“

Die Daten wurden mit dem Analyseprogramm SPSS ausgewertet.

3.6 Beurteilung der Testgüte

Von zentraler Bedeutung für die Beurteilung der Qualität eines Erhebungsverfahrens sind die Hauptgütekriterien Objektivität, Reliabilität und Validität.

Objektivität bezeichnet das Ausmaß, in dem das Untersuchungsresultat unabhängig ist von Einflüssen außerhalb der untersuchten Person (Rost, 1996). Dabei werden drei Arten unterschieden: Durchführungsobjektivität, Auswertungsobjektivität sowie Interpretationsobjektivität.

- Die Durchführungsobjektivität bezieht sich auf die Konstanz der Untersuchungsbedingungen. Um diese zu gewährleisten, sollten die Bedingungen für die Fragebogendurchführung möglichst standardisiert sein – dies ist in der Regel der Fall bei selbstauszufüllenden Fragebögen wie in der vorliegenden Studie (Rammstedt, 2004). Ein Großteil der kategorialen Items (z. B. Assoziationen, Zustimmung zu Aussagen) wurde zudem randomisiert, um Reihenfolgeeffekten vorzubeugen.
- Die Auswertungsobjektivität, also Objektivität bzw. Fehlerreduktion in der Codierung von Antworten, wurde durch einen automatischen Export der digitalisierten Daten in SPSS unterstützt. Die weitere Auswertung und Umcodierung offener Eingaben (Sonstiges) erfolgte mit einer ebenfalls standardisierten Syntax automatisch. Dies reduziert die Fehleranfälligkeit. Auch erfolgten stichprobenartige Überprüfungen der Rohdaten zu den Arbeitsdaten, wobei durch mehrere Personen keinerlei Auffälligkeiten festgestellt werden konnten.
- Die quantitative Interpretation der Daten erfolgte durch mehrere Personen unabhängig voneinander. Diese kamen zu kongruenten Ergebnissen.

Reliabilität bezeichnet die Genauigkeit, mit der eine Skala ein Merkmal (hier: Kaufentscheidungsprozesse im Second-Hand Luxussegment) misst. Zur Überprüfung dieses Testgüteaspektes wurden sämtliche Items des Fragebogens miteinander korreliert und anhand des Reliabilitätskoeffizienten Alpha nach Cronbach (1951) analysiert. Dies gibt Auskunft über die Konsistenz, also Homogenität eines Verfahrens (Abbildung 3.3):

Gemessene Items	*Cronbachs Alpha*
Person-Umwelt Faktoren	0.825 (gut)
Vorkaufphase	0.85 (gut)
Kaufphase	0.848 (gut)
Nachkaufphase	0.732 (akzeptabel)
Gesamtfragebogen	0.98 (exzellent)

Abbildung 3.3 Beurteilung der internen Konsistenz der Studie

Diese interne Konsistenz reflektiert die ausgesprochen detaillierte Erfassung von Kaufentscheidungsprozessen im Fragebogen und ist laut Nunnally & Bernstein (1994) als sehr gut zu interpretieren.

Validität beschreibt den Grad der Genauigkeit, mit der ein Verfahren tatsächlich das misst oder vorhersagt, was es messen oder vorhersagen soll (Rammstedt, 2004).

Die Inhaltsvalidität gibt an, inwieweit ein Erhebungsverfahren die Inhalte eines interessierenden Merkmals adäquat und umfassend repräsentiert (Bortz & Döring, 2005). Sie dient der Überprüfung, ob ein Verfahren das interessierende Merkmal (hier Kaufentscheidungsprozesse für Persönliche Luxusgüter) gültig misst. Dazu ist es wichtig, dass dieses Merkmal in seiner Ganzheit definiert und abgegrenzt, und vollständig im Verfahren abgebildet wird (Technische Universität Dresden, 2017). In dem vorliegenden Konstrukt sind alle drei Phasen des Kaufprozesses nach Foscht & Swoboda (2011) repräsentiert, inklusive der involvierten Einzelprozesse. Zusätzlich sind die Einflussfaktoren psychischen und umweltbezogenen Ursprungs inkludiert: Emotion, Involvement und Einstellungen sind erfasst, ebenso wie der Aspekt der Wahrnehmung. Die Informationsverarbeitung wird indirekt über die Informationssuche und die Motive beschrieben. Die Bezugsgruppen und das soziokulturelle Umfeld sind ebenfalls über jeweilige Items repräsentiert. Diese inhaltliche Abbildung (insbesondere der Aspekte Emotion, Involvement, Informationswahrnehmung/-Verarbeitung) erhebt zwar keinen Anspruch auf methodologisch-konzeptionelle Vollständigkeit, jedoch war dies aufgrund der Beschränkung der Umfrage auf 15 Minuten/65 Fragen nicht vollumfänglich möglich. Dennoch wurde versucht, zentrale Aspekte aller relevanten Parameter in den Items zu berücksichtigen.

Die Konstruktvalidität ist eine Form der Validität zur Überprüfung der Güte von Test- und Erhebungsverfahren. Sie gibt an, inwieweit ein Erhebungsverfahren ein interessierendes Merkmal so misst, dass es mit bestehenden Konstruktdefinitionen und Theorien übereinstimmt (Technische Universität Dresden, 2017). Konstruktvalidität bezieht sich also auf die Güte der Operationalisierung der

Variablen und Items. „Die Konstruktvalidität eines Experiments nimmt zu, je mehr und besser die unabhängigen und abhängigen Variablen das zugrundeliegende theoretische Konzept tatsächlich repräsentieren“ (Sarris, 1990). Im vorliegenden Fragebogen sind die Items in sehr enger Anlehnung an die Phasen der Kaufentscheidung und das Person-Umwelt-Modell konstruiert worden. Auf eine statistische Überprüfung der Konstruktvalidität durch eine explorative Faktorenanalyse wurde aufgrund der Beschränkung des Umfangs dieser Arbeit verzichtet. Ähnliche Skalen, die ein gleiches oder verwandtes Merkmal messen, gibt es zudem nicht.

Zur Optimierung der konstruktiv-inhaltlichen Validität der Studie wurde der Fragebogen jedoch gemeinsam mit fünf Branchenexperten der Luxusindustrie (Zwei High End Second-Hand Store Inhaber, eine Inhaberin einer Luxus-Modemarke, zwei Industriefachmänner) erarbeitet und durch ihr Feedback überarbeitet.

Insgesamt ist daher die Testgüte in den Bereichen Objektivität und Reliabilität als sehr gut einzuschätzen. Die Inhaltsvalidität erscheint dem Anspruch und Umfang der Studie angemessen, und wird durch mehrere Experteneinschätzungen gestützt. Die Konstruktvalidität kann jedoch nicht abschließend statistisch beurteilt werden.

Ergebnisse

4

In diesem Kapitel werden die Ergebnisse der vom 12.02–22.02.2018 durchgeführten Studie präsentiert.

4.1 Screener

Die Eingangsfrage für diese Studie befragte die Stichprobe der Luxuskunden hinsichtlich ihrer Aufgeschlossenheit für Second-Hand Luxus: Haben Sie in den letzten drei Jahren schon einmal ein High End Second-Hand Ladengeschäft oder Onlineshop besucht oder dort etwas gekauft? Die Antwortoptionen für diese Frage waren:

- Ja, dort gekauft
- Ja, dort geschaut
- Nein, aber ich kann mir vorstellen dort zu schauen oder kaufen.
- Nein, und ich kann mir nicht vorstellen dort zu schauen oder kaufen

Es zeigte sich eine hohe Aufgeschlossenheit für Second-Hand Luxus: Mehr als jeder dritte (36%) Luxuskunde hatte schon einmal in einem High End Second-Hand Onlineshop geschaut oder gekauft – und 31% hatten schon einmal in einem High End Second-Hand Ladengeschäft geschaut oder gekauft. Zusätzlich können

Elektronisches Zusatzmaterial Die elektronische Version dieses Kapitels enthält Zusatzmaterial, das berechtigten Benutzern zur Verfügung steht https://doi.org/10.1007/978-3-658-32067-6_4

P. Grützmacher, *Second-Hand Luxus in Deutschland*, BestMasters, https://doi.org/10.1007/978-3-658-32067-6_4

sich 40% beziehungsweise 45% der Luxuskunden vorstellen, dort in Zukunft offline/online zu schauen oder kaufen. Nur jeder vierte Luxuskunde ist High End Second-Hand Luxus gegenüber nicht aufgeschlossen.

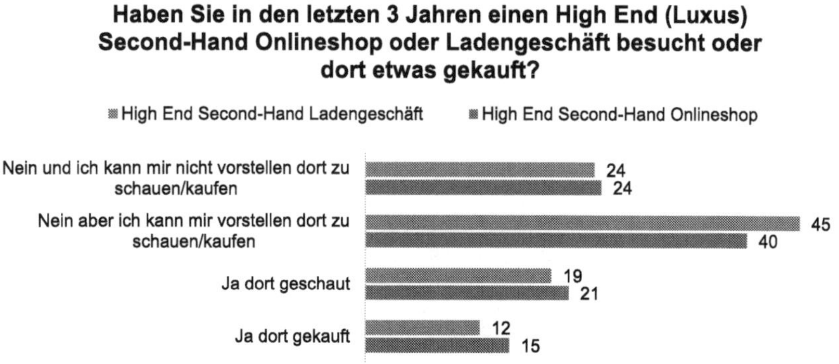

Für die vorliegende Arbeit wurden lediglich die insgesamt 418 Probanden berücksichtigt, die angaben, schon einmal in Second-Hand Luxusshops (online oder offline) geschaut oder gekauft zu haben.

4.2 Demographie

Von den 418 Befragten waren 192 (45,93%) weiblich, und 226 (54,07%) männlich. Das Durchschnittsalter lag bei 40,12 Jahren – der jüngste Befragte war dabei 18 Jahre alt, der älteste 83 Jahre. Die Verteilung nach Altersgruppen war wie folgt:

Altersgruppe	Häufigkeit	Prozent
18–19 Jahre	20	4,78%
20–29 Jahre	81	19,38%
30–39 Jahre	126	30,14%
40–49 Jahre	79	18,90%
50–59 Jahre	70	16,75%
60–69 Jahre	28	6,70%
70–99 Jahre	14	3,35%

Hinsichtlich des Bildungsniveaus der Befragten zeigte sich, dass fast drei Viertel der Befragten ein hohes Bildungsniveau (Abitur oder mehr) aufwiesen:

Schulabschluss	Häufigkeit	Prozent
(noch) kein Schulabschluss	1	0,24%
Hauptschul-/Volksschulabschluss	35	8,38%
Realschulabschluss	82	19,62%
Abitur oder Fachabitur	139	33,25%
Studium	161	38,52%

Weiterhin waren 74,4% der Befragten voll berufstätig, und 8,85% teilweise berufstätig.

Befragt nach der Höhe des monatlich zur Verfügung stehenden Haushaltsnettoeinkommens ergab sich folgende Antwortverteilung:

Einkommen	Häufigkeit	Prozent
2000–2999 Euro	54	12,92%
3000–3999 Euro	105	25,12%
4000–4999 Euro	89	21,29%
5000–5999 Euro	50	11,96%
6000–6999 Euro	35	8,37%
7000–7999 Euro	18	4,31%
8000–8999 Euro	13	3,11%
9000–9999 Euro	16	3,83%
10.000 Euro und mehr	26	6,22%
Ich möchte diese Frage nicht beantworten.	12	2,87%

Die durchschnittliche Haushaltsgröße lag bei 2,66 Personen: 12,92% der Befragten lebten allein, 39,71% in einem Zweipersonenhaushalt. 22,25% lebten in einem Haushalt mit 3 Personen, 18,66% in einem Haushalt mit 4 Personen. 6,46% lebten in einem Haushalt mit 5 Personen oder mehr.

Hinsichtlich der regionalen Verteilung der Befragten ergab sich ein ausgewogenes Bild: 18,66% der Stichprobe lebten in norddeutschen Bundesländern, 27,75% in westdeutschen Bundesländern. 18,42% wohnten im Osten Deutschlands, und 35,17% in südlichen Bundesländern. Dabei korrespondierte der Anteil der Befragten in individuellen Bundesländern mit der lokalen Bevölkerungsverteilung: Bevölkerungsreiche Bundesländer wie Nordrhein-Westfalen, Bayern und Baden-Württemberg stellten somit die meisten Befragten.

4.3 Allgemeines Kaufverhalten

Die Probanden zeichnen sich durch eine ausgesprochen hohe Shoppingfrequenz (online und offline) aus: 15% gingen täglich shoppen, 48% mehrmals pro Woche, 30% mehrmals pro Monat. Nur 7% der Befragten gingen seltener shoppen.

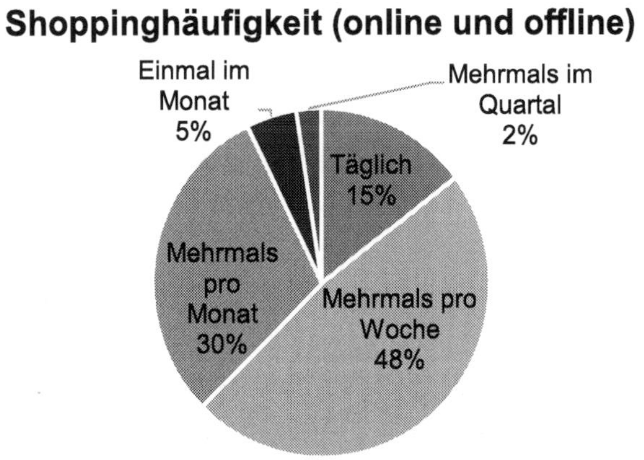

Auch weisen die Probanden eine starke Luxusaffinität auf: Von allen in den letzten 3 Jahren gekauften persönlichen Artikeln (Accessoires, Kleidung, Schmuck, Schuhe, Taschen, Uhren, andere Kleinwaren) waren signifikante Anteile persönliche Luxusprodukte von gängigen Luxusmarken: 58% der gekauften Kleidungsstücke, 48% der Schuhe, 47% der Accessoires, 39% der Taschen und Uhren sowie 16% der anderen Kleinwaren waren persönliche Luxusprodukte.

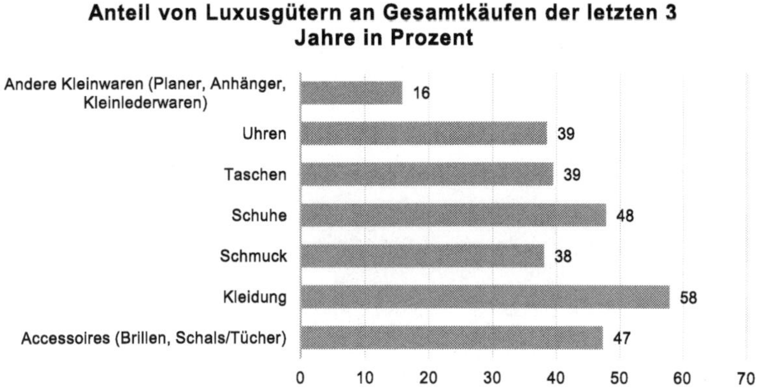

Am häufigsten gekauft wurden bei Mode/Accessoires persönliche Luxusgüter der Marken Gucci (38% der Nennungen), Chanel (36% der Nennungen), Dior (32% der Nennungen), Michael Kors (32% der Nennungen), Louis Vuitton (27% der Nennungen) sowie Burberry (25% der Nennungen). Bei Luxusuhren dominierten die Marken Rolex (33% der Nennungen), Omega (30% der Nennungen) sowie Breitling (26% der Nennungen).

Insgesamt hatten 22% der Befragten bis zu 3 persönliche Luxusgüter (neu oder gebraucht) in den letzten 3 Jahren gekauft; 38% bis zu 5 persönliche Luxusgüter, und 55% bis zu 10 persönliche Luxusgüter.

Anzahl gekaufter persönlicher Luxusgüter (neu oder gebraucht) in den letzten 3 Jahren	**Prozent**	**Kumulierte Prozent**
1 persönliches Luxusgut	3%	3%
bis zu 3 persönliche Luxusgüter	19%	22%
bis zu 5 persönliche Luxusgüter	16%	38%
bis zu 8 persönliche Luxusgüter	9%	47%
bis zu 10 persönliche Luxusgüter	8%	55%
bis zu 25 persönliche Luxusgüter	13%	68%
bis zu 50 persönliche Luxusgüter	5%	73%
bis zu 100 persönliche Luxusgüter	2%	75%
mehr als 101 persönliche Luxusgüter	6%	81%
Weiß nicht	9%	100%

4.4 Person-Umwelt Faktoren

In diesem Fragebogenteil wurden persönliche und umweltbezogene Einflussfaktoren auf die Einstellung zu Luxus und Luxuskonsum erfasst.

Zunächst wurde das Luxusverständnis der Befragten beleuchtet: Dazu wurde gefragt, welche Begriffe Befragte mit „Luxus" verbinden. Klar dominant hierin waren mit 68% bzw. 67% der Nennungen Qualität und Exklusivität. Hiernach folgten relativ eng beieinander Stil (57%), Extravaganz (51%), Lifestyle (47%), Status (46%) und Lebensgefühl (45%). Weit abgeschlagen waren Assoziationen wie Tradition, Freiheit, Kennerschaft und Nachhaltigkeit.

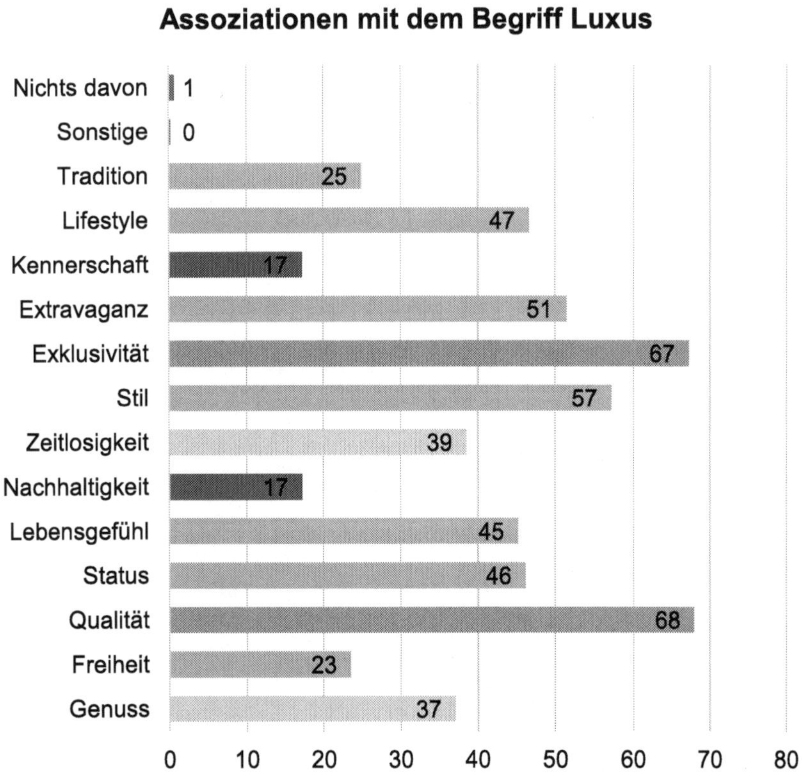

Im Anschluss wurde die Zustimmung zu ausgewählten Aussagen zum Thema Luxus ermittelt. 65% der Befragten gaben an, der Aussage „Luxus macht das Leben schöner" zuzustimmen. 50% drückten ihr Einverständnis zu der Aussage „Ich gehe gern in exklusive Läden" aus. Dies deckt sich mit der verbreiteten Luxusaffinität der Bevölkerung, die schon in verschiedenen Studien belegt wurde. Fast jeder Dritte empfand Luxus als „in". Dennoch befürchteten fast genauso viele Befragte gesellschaftliche Stigmatisierungen und gaben an, sie müssten sich vor dem Neid der Anderen hüten.

Obwohl weniger als jeder Fünfte in der vorherigen Frage Nachhaltigkeit mit Luxus assoziierte, gaben nun 29% der Befragten an, der Aussage „Luxus ist Nachhaltigkeit" zuzustimmen. Immerhin jeder vierte sagte zudem aus, dass er Sparen als zeitgemäß empfinden würde. In der nächsten Frage stimmte sogar mehr als die Hälfte der Befragten der Aussage zu, lieber weniger zu kaufen und dafür in besondere Stücke von bester Qualität zu investieren.

75% der Befragten hatten zudem eine hohe Erwartung an die Qualität. 49% der Befragten gaben an, einen großen Anspruch auch an die Werthaltigkeit von Produkten zu hegen. In diesem Zusammenhang assoziierten 49% Artikel von Luxusmarken mit guter Qualität. 40% der Befragten bescheinigten Luxusprodukten eine besondere Aura, die sie erfreuen würde. Dennoch spielt Markentreue zu Luxusmarken nur für 27% der Befragten eine relevante Rolle. Demonstrativer Konsum von Luxus aus Imagegründen ist sogar nur für weniger als jeden fünften Befragten relevant; ebenso die Sichtbarkeit einer Marke.

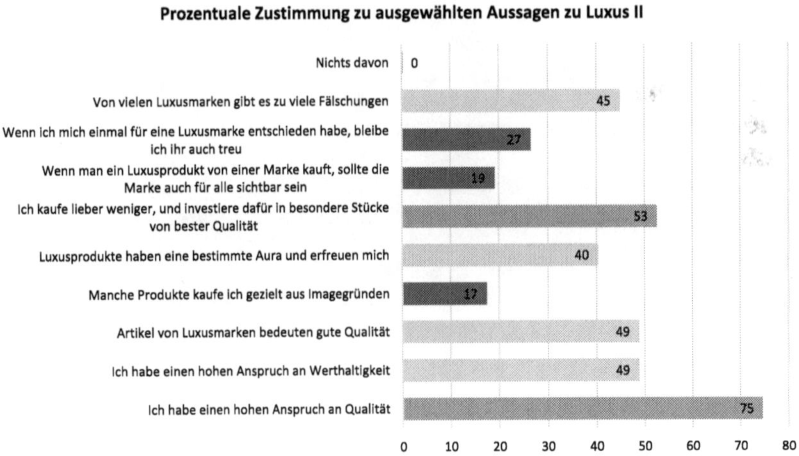

Fast die Hälfte der Befragten bemängelte jedoch, dass es von vielen Luxusmarken zu viele Fälschungen auf dem Markt geben würde.

Das Thema Luxus ist hochgradig relevant für Käufer von Second-Hand Luxusartikeln: 73% interessieren sich schon seit über 3 Jahren für Luxusprodukte. 22% sind erst seit einiger Zeit, also zwischen 6 Monaten und 3 Jahren, an Luxusprodukten interessiert. Damit bergen 95% der Befragten ein Grundinteresse für diese Produktkategorie. Zusätzlich ist das Thema hochemotional besetzt: Bei fast 90% der Befragten tritt eine moderate oder starke emotionale Aktivierung auf, wenn sie an Luxus, eine Luxusmarke oder ein bestimmtes Luxusprodukt denken – davon bei fast 50% eine besonders starke Reaktion (Herzklopfen).

Doch worin genau liegt die Faszinationskraft von persönlichen Luxusprodukten? Als Antwort auf diese Frage ergab sich folgendes Bild: Mit deutlichem Abstand ist die hohe Qualität für 71% der Befragten wichtigster Faktor für die Attraktivität von Luxusgütern. Dies deckt sich mit dem hohen Qualitätsanspruch der Befragten. An zweiter Stelle folgen weitere qualitätsrelevante Faktoren mit jeweils 58%; dies sind eine gute Verarbeitung des Produktes sowie edle, hochqualitative Materialien.

Eng beieinander liegen die Aspekte Freude am Produkt, Exklusivität sowie die ebenfalls qualitätsbezogenen Eigenschaften von Langlebigkeit/Werthaltigkeit sowie Ästhetik/Design, die für jeden zweiten Kunden die Faszinationskraft von Luxusprodukten begründen.

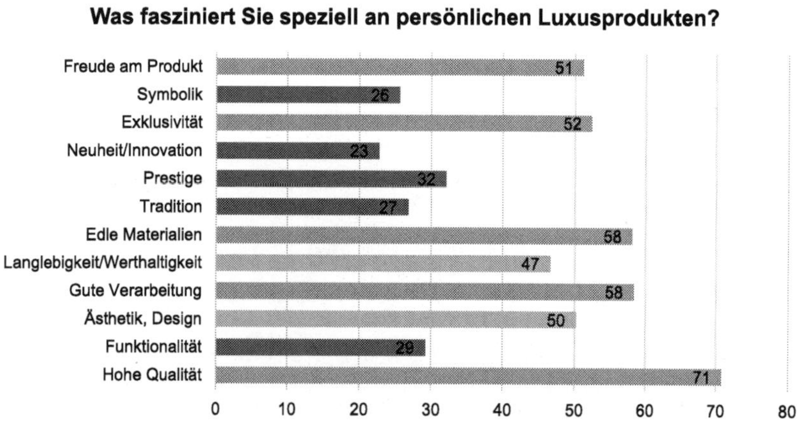

Deutlich abgeschlagen sind die Faktoren Funktionalität, Tradition, Prestige, Innovation oder Symbolik der Produkte; diese tragen nur für weniger als jeden Dritten Befragten zur Faszinationskraft von Luxusprodukten bei.

Nach diesen personenbezogenen Faktoren wurde im nächsten Abschnitt der gesellschaftliche Einfluss auf das Kaufverhalten und die Kaufentscheidungen im Luxussegment thematisiert. Nur 11% der Befragten gaben dabei an, dass gesellschaftliche Normen und Erwartungen keinerlei Einfluss auf ihre Kaufentscheidungen hätten. 20% berichteten von einem großen Einfluss den diese auf ihr Kaufverhalten ausüben würden, 43% von einem moderaten Einfluss, und 25% von wenig Wichtigkeit.

Bei diesem deutlichen gesellschaftlichen Einfluss auf Kaufentscheidungen überrascht es, dass 69% der Befragten angeben, ihre Kaufentscheidung für persönliche Luxusartikel alleine zu treffen, und weitere 10% geben an, dass trotz erhaltener Feedbacks sie letztendlich allein entscheiden. Dies bedeutet, dass 79% der Kaufentschlüsse für persönliche Luxusgüter im Endeffekt allein getroffen werden. Nur jeder Fünfte trifft die Kaufentscheidung mit anderen zusammen, und nur 2% der Befragten treffen die Entscheidung nicht gegen den Willen von anderen.

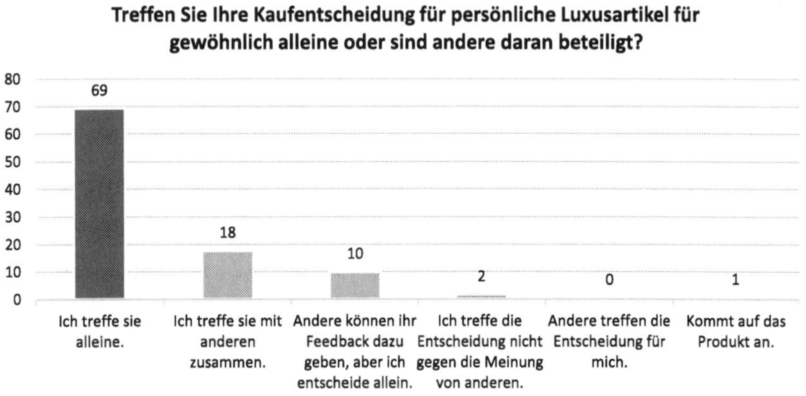

Die 31% der Befragten, die die Kaufentscheidung für persönliche Luxusgüter nicht alleine treffen, wurden gebeten zu sagen, wen sie in diese Entscheidungsfindung mit involvieren würden. Auf diese Frage gaben 73% an, ihren Partner mit einzubeziehen. Weitere 26% der Nennungen entfielen auf Kinder oder Familie, 23% auf Freunde. 9% beziehen ihr berufliches Umfeld oder Bildungsumfeld in die Kaufentscheidungsfindung für ein persönliches Luxusgut mit ein; 5% ihre Online-Community.

4.5 Kaufentscheidungsfindung

Um den Prozess der Kaufentscheidungsfindung zu starten, ist es essentiell, dass Kunden auf Produkte aufmerksam werden – und sich informieren. Mit diesen Informationsquellen für Luxusprodukte befasste sich der erste Abschnitt dieses Fragenblocks.

Der wichtigste Aufmerksamkeitstrigger für neue persönliche Luxusprodukte ist mit 57% der Nennungen das Ladengeschäft einer Luxusmarke. An zweiter Stelle folgt das klassische Schaufenster mit 45% der Aussagen. Nahezu gleichauf sind Internetseiten von Luxusmarken und Werbung auf Internetseiten mit 37 bzw. 39% der Nennungen. Dies unterstreicht die Bedeutsamkeit von digitalen Vertriebskanälen für Luxusmarken. Immerhin jeder dritte Luxuskunde wird jedoch über klassische Internetsuche, redaktionelle Beiträge in Magazinen und Werbung in etablierten Medien auf neue persönliche Luxusprodukte aufmerksam – diese Touchpoints bleiben daher auch im Zeitalter der wachsenden Digitalisierung wichtig. Jeder vierte Luxuskunde erfährt auch heutzutage durch Plakatwerbung oder persönliche Empfehlungen von neuen Produkten. Trotz zunehmender Bedeutung und Akzeptanz sozialer Medien erhält nur knapp jeder fünfte Luxuskunde über Onlinecommunities oder Blogs Kenntnis von neuen Luxusprodukten.

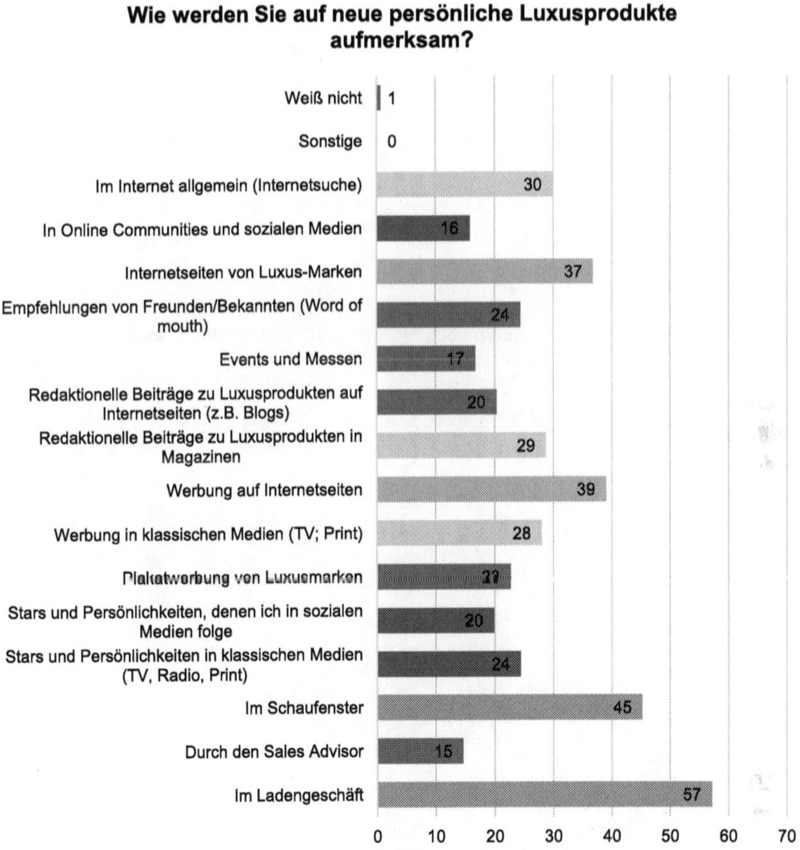

In der Bewertung der Gesamtinformationsquellen zu persönlichen Luxusprodukten wird jedoch die wachsende Bedeutung von digitalen Touchpoints evident: Nur 1% der Luxuskunden informiert sich ausschließlich offline. 6% geben an, sich eher offline zu informieren. Das Gros von 48% berichtet jedoch, sich gleichermaßen online und offline über persönliche Luxusprodukte zu informieren; 33% sogar eher online. Mehr als jeder zehnte Luxuskunde im High End Second-Hand Markt informiert sich sogar nur online zu persönlichen Luxusprodukten.

Wo informieren sich Luxuskunden gezielt über neue Produkte? Jeder zweite angesprochene Kunde zieht klassischerweise Erkundigungen im Ladengeschäft ein. Mehr als jeder dritte Kunde informiert sich gezielt über traditionelle Schaufensterauslagen. Doch ebenso wichtig sind auch Internetseiten der Luxusmarken als Informationsquelle, dicht gefolgt von allgemeiner Internetsuche. Jeder vierte Interessent recherchiert sogar gezielt über Werbung von Luxusmarken auf Internetseiten. Immerhin noch jeder fünfte Luxuskunde zieht gezielt Erkundigungen über Mund-zu-Mund-Propaganda, Magazinbeiträge, Werbung in klassischen Medien, und Celebrity-Features in klassischen Medien ein – doch fast ebenso viele Kunden geben an, sich explizit in sozialen Medien Wissen einzuholen. Dies unterstreicht die traditionelle Dominanz der klassischen Informationskanäle für Luxusprodukte, doch gleichermaßen die wachsende Bedeutung digitaler Informationswege.

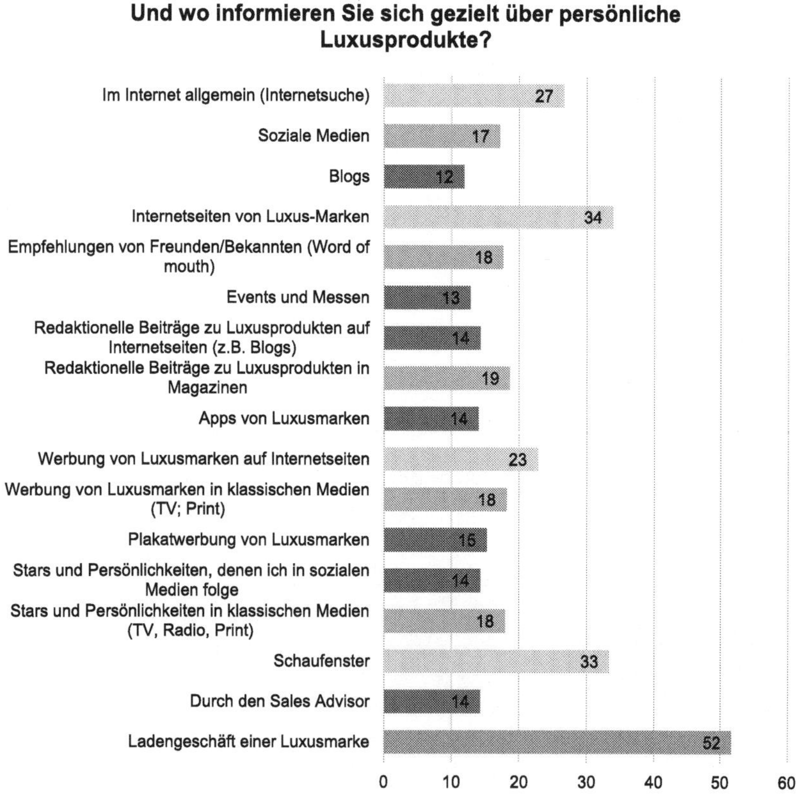

Als nächstes wurden Kunden zu ihrer zeitlichen und finanziellen Kaufplanung befragt. Fast ein Viertel der Luxuskäufe waren demnach Spontankäufe. Mehr als jeder fünfte Erwerb wurde jedoch bis zu vier Wochen im Voraus geplant. Weiterhin wurden 14% der Käufe wenige Tage lang geplant, 17% nach bis zu einer Woche, und weitere 14% sogar nach einer Bedenkzeit von bis zu drei Monaten. Insgesamt hatten so 54% der Luxuskäufe eine Planungszeit von bis zu eine Woche, und 75% bis zu vier Wochen. Nur 6% der Luxuskäufe werden länger als sechs Monate im Voraus geplant.

Trotz dieser eher kurzfristigen Kaufentscheidungsphase sparen nur 6% der befragten Luxuskunden nie auf ein persönliches Luxusprodukt. Weitere 18% tun dies selten. Jeder fünfte Luxuskunde legt dagegen immer extra Geld für den Kauf eines persönlichen Luxusproduktes zurück – und mehr als jeder zweite Kunde spart manchmal, um sich ein persönliches Luxusprodukt zu leisten.

Der zweite Teil dieses Fragenblocks befasste sich mit den Motiven für eine Kaufentscheidung für ein persönliches Luxusprodukt. Bei fast der Hälfte der Befragten standen hedonistische Motive im Vordergrund: 51% wollten sich etwas gönnen, die Begründung von 46% war die Belohnung für etwas. Mehr als jeder dritte Käufer wollte die bestmögliche Qualität kaufen – und fast jeder Dritte wollte mit dem Kauf etwas besonders Werthaltiges erstehen. Das Ziel nur jeden fünften Käufers war der selbstbestätigende Nachweis von Individualität oder Stil. Jeder zehnte Kauf eines persönlichen Luxusproduktes war zudem ein Geschenk für andere.

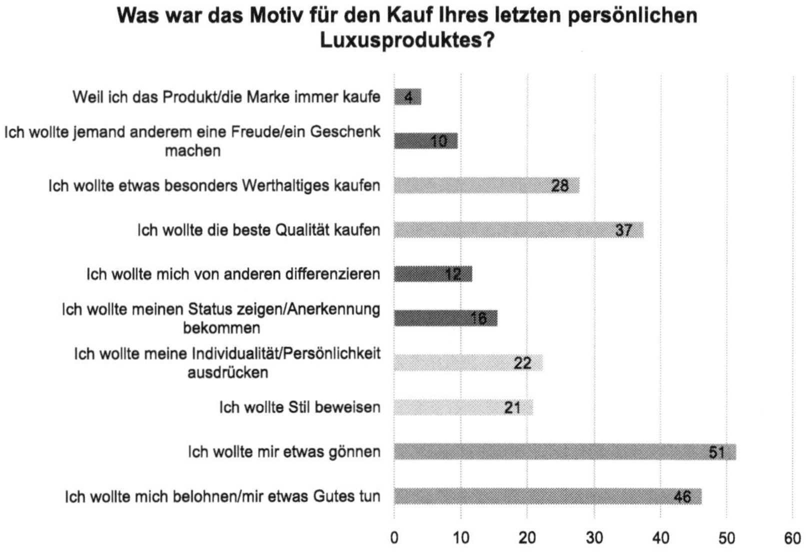

Welche Faktoren beeinflussen konkret die Entscheidung für eine bestimmte Luxusmarke oder ein bestimmtes Luxusprodukt? Die entscheidungsrelevanten Parameter für Markenwahl und Produktwahl wurden in den nächsten beiden Fragen erfasst.

In 91% der Fälle ist die Markenwahl eine wohlüberlegte Entscheidung: Nur 9% der Markenentscheidungen werden spontan getroffen. Für die Markenwahl spielen primär qualitätsbezogene als auch persönliche Faktoren eine wichtige Rolle: Je 45% der Nennungen entfielen auf den Qualitätsanspruch der Marke, die Passung der Marke zur eigenen Persönlichkeit, sowie die Sympathie der Marke. An zweiter Stelle folgten mit jeweils einem Drittel der Nennungen die Übereinstimmung mit der eigenen Lebenseinstellung, das Image der Marke, sowie die Bekanntheit der Marke. Für jeden vierten Luxuskunden sind die Markentradition und ein vorheriger Markenbesitz relevante Parameter für die Markenentscheidung; jeder fünfte lässt sich von Empfehlungen von Freunden und Bekannten beeinflussen. Eine untergeordnete Rolle spielen Celebrity Endorsements, Popularität der Marke in der Gesellschaft, sowie Sichtbarkeit der Marke.

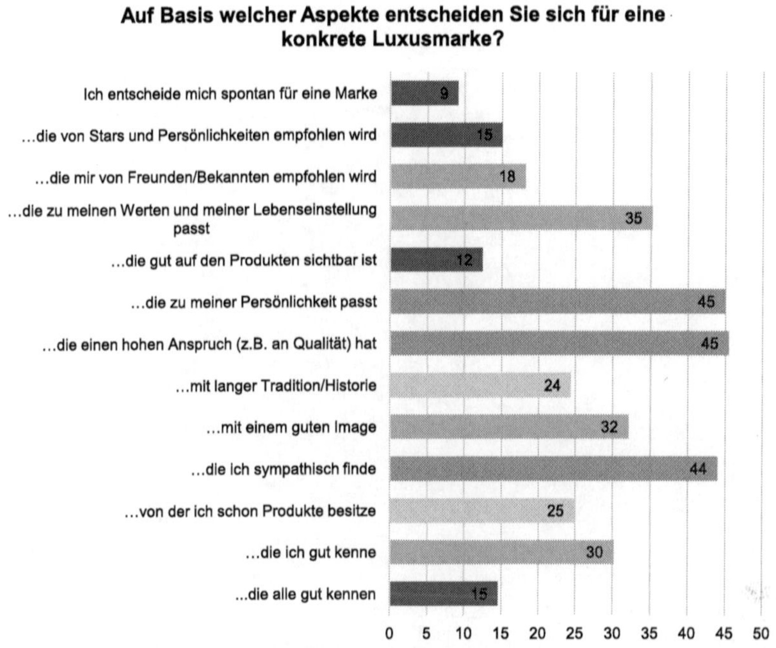

Insgesamt steht der Faktor Marke jedoch mit 55% der Angaben nur an dritter Stelle der Entscheidungskriterien für ein konkretes Luxusprodukt. Mit Abstand am relevantesten für Luxuskunden sind mit fast 70% der Nennungen die Qualität eines Produktes gefolgt von dessen Design mit 64%. Rund 40% entfielen auf die Aspekte Exklusivität, Preis-Leistung, Funktionalität sowie Zeitlosigkeit. Diese vier Parameter sind somit für mehr als jeden dritten Luxuskunden sehr relevant in der Kaufentscheidung. Weit abgeschlagen in der Bedeutung für die Kaufentscheidung sind Neuartigkeit, Verfügbarkeit, Herstellungsort, Symbolik und Beliebtheit des Produktes. Diese spielen nicht einmal für jeden fünften Kunden eine Rolle in der Entscheidungsfindung für ein persönliches Luxusprodukt.

Aufgrund von welchen Aspekten entscheiden Sie sich für ein konkretes persönliches Luxusprodukt?

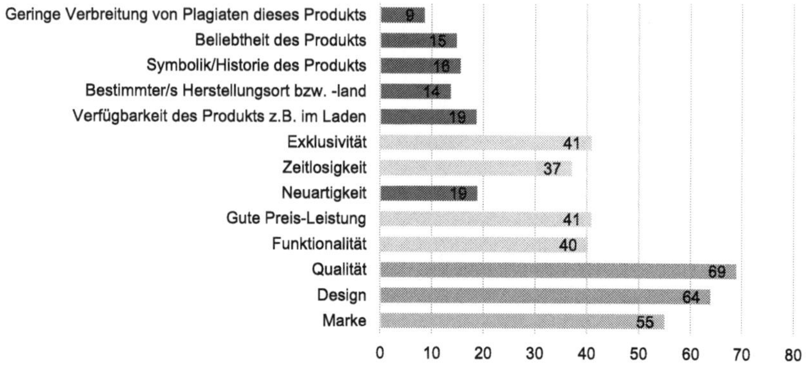

Zuletzt wurde gefragt, welche Vergleiche Luxuskunden vor dem Erwerb eines persönlichen Luxusproduktes vornehmen. Trotz der besonderen materiellen und ideellen Eigenschaften von Luxusprodukten ist der Kauf keineswegs alternativlos: Nur je 3% vergleichen gar keine Luxusprodukte vor einem Kauf, und weitere 3% nehmen keine Vergleiche vor, da sie ein spezifisches Wunschprodukt haben. Die Markenentscheidung steht nur für jeden dritten Luxuskunden von Vornherein fest.

Jeder zweite Luxuskunde vergleicht hingegen mehrere Produkte einer Marke oder ähnliche Produkte verschiedener Marken miteinander. Fast jeder dritte Luxuskunde vergleicht zudem Preise vor dem Kauf. Jeder vierte überlegt, welches Produkt ihn/sie am glücklichsten machen würde. 18% der Befragten vergleichen vor dem Kauf die funktionellen Eigenschaften verschiedener Produkte miteinander.

Und ebenfalls jeder fünfte Luxuskunde hinterfragt vor dem Kauf eines persönlichen Luxusproduktes sogar kritisch die grundsätzliche Notwendigkeit eines persönlichen Luxusproduktes.

Wie vergleichen Sie Luxusprodukte?

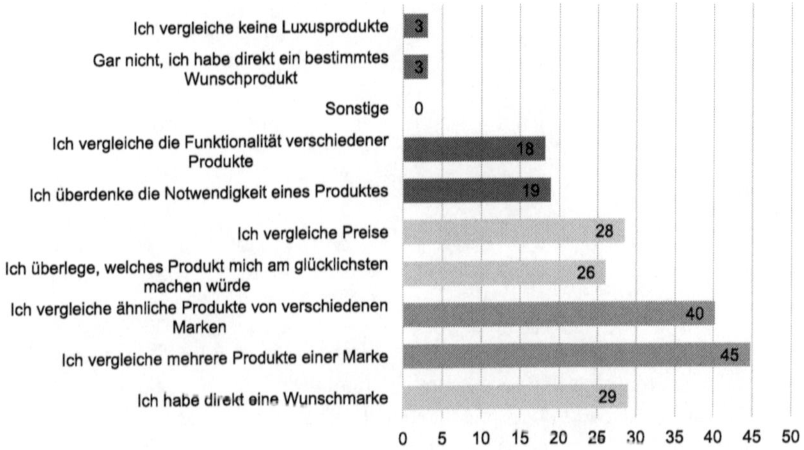

4.6 Kaufverhalten

Zu Beginn dieses Fragenblocks wurde der Aspekt der Kaufanbahnung thematisiert: Wie oft stöbern Luxuskunden in Luxusläden allgemein (online/offline) und spezifisch in High End Second-Hand Shops (online/offline)? Hierbei zeigte sich eine etwas geringere Besuchshäufigkeit in High End Second-Hand Shops im Vergleich zu Luxusläden generell. 52% der Kunden besuchen mehrmals im Monat einen High End Second-Hand Onlineshop, und 39% einen stationären High End Second-Hand Shop. Bei normalen Luxusläden sind es 66%, die mehrmals pro Monat einen Onlineshop frequentieren, und 49%, die ein Ladengeschäft besuchen. Weitere 19% der Luxuskunden finden sich einmal im Monat in einem High End Second-Hand Onlineshop ein, und 18% in einem Ladengeschäft. Bei normalen Luxusshops sind es 16% (online) und 21% (offline).

Zudem erzielen Onlineshops eine höhere Besuchsfrequenz als stationäre Läden.

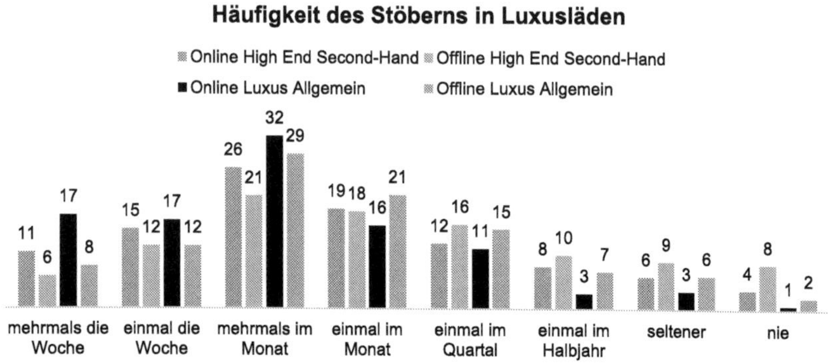

Worauf legen Luxuskunden bei Luxusshops online und offline besonderen Wert? Bei Onlineshops im Luxusbereich dominieren die Aspekte umfassender Produktinformationen und ansprechender Produktpräsentationen. Eine kostenlose Lieferung ist fast jedem zweiten Kunden besonders wichtig. Ebenfalls von Bedeutung sind mit jeweils 34–40% der Nennungen komfortable Rückgabemöglichkeiten, exklusive Onlineangebote, einfache Bedienung der Webseite, Markeninformationen sowie ein ansprechendes Gesamtdesign. Jeder vierte Kunde legt Wert auf Style-Inspirationen auf der Webseite. Nur knapp jeder fünfte Kunde schätzt Kundenbewertungen, Finanzierungsmöglichkeiten, einen exklusiven Zugang, oder persönliche Einkaufsberatung im virtuellen Luxusshop.

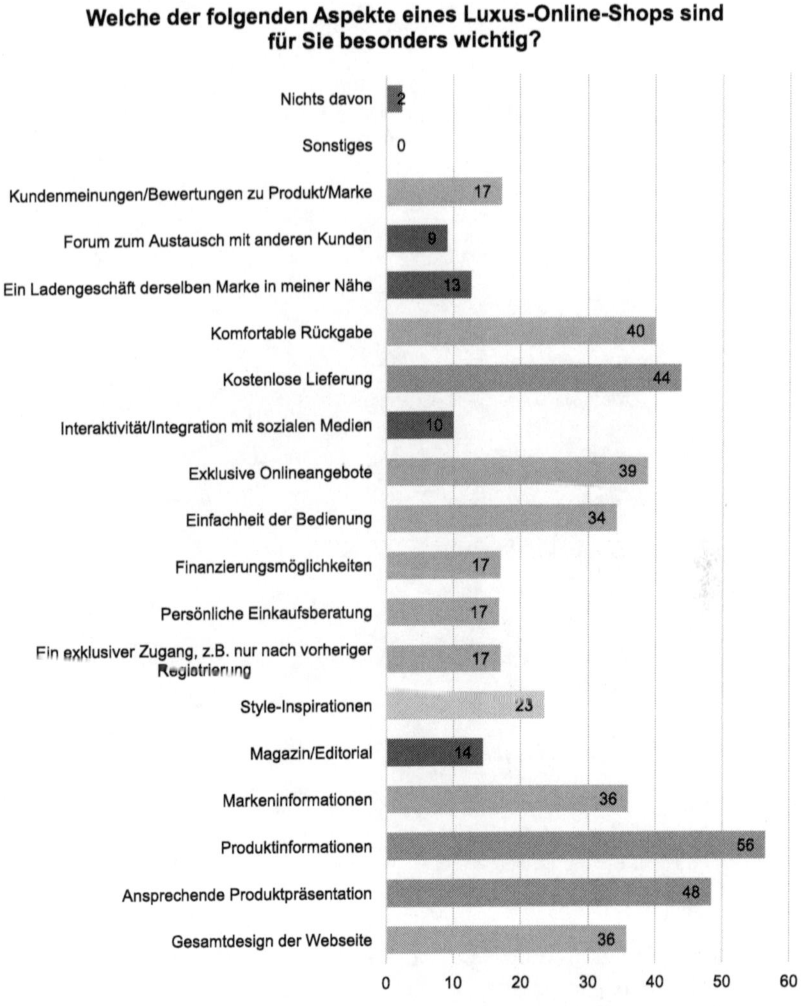

Bei stationären Luxusgeschäften steht für mehr als jeden zweiten Kunden der Wunsch nach freundlicher und kompetenter Beratung im Vordergrund. Mehr als jeder dritte Klient legt besonderen Wert auf ein exklusives Ambiente, einen persönlichen Umgang miteinander, After-Sales-Service sowie eine große Produktauswahl. Jeder dritte Konsument maß den Parametern Erreichbarkeit, Produktverfügbarkeit, Produktpräsentation sowie ausreichend Personalstärke besondere Bedeutung bei. Für nur jeden zehnten Käufer – und damit weit abgeschlagen in der Nennungshäufigkeit – spielen Special Events und ein Follow-Up nach dem Kauf eine Rolle.

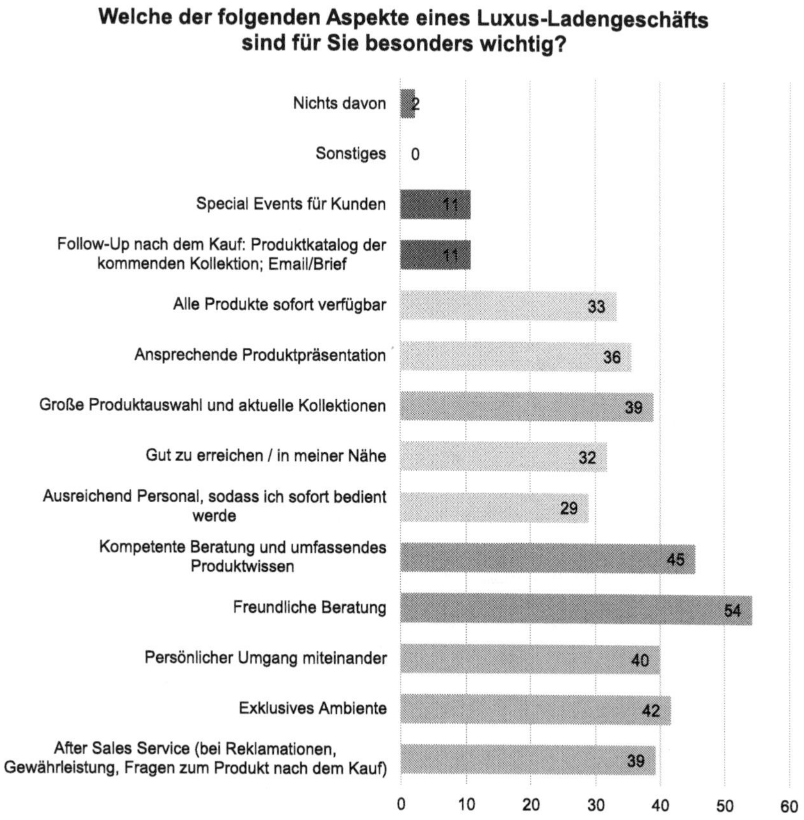

Wie werden Kunden auf High End Second-Hand Shops aufmerksam? Die meisten Kunden (mehr als jeder zweite) finden klassisch über eine allgemeine Internetrecherche zu den High End Second-Hand Shops. An zweiter Stelle folgen mit 39% der Nennungen persönliche Empfehlungen von Freunden und Bekannten, dicht gefolgt von Online-Produktsuche (36%). Fast jeder dritte Kunde wird über einen Online-Preisvergleich auf High End Second-Hand Shops aufmerksam. Jeder vierte Kunde erfährt in sozialen Medien von den Läden. Dies unterstreicht die enorme Bedeutsamkeit digitaler Präsenz für High End Second-Hand Shops.

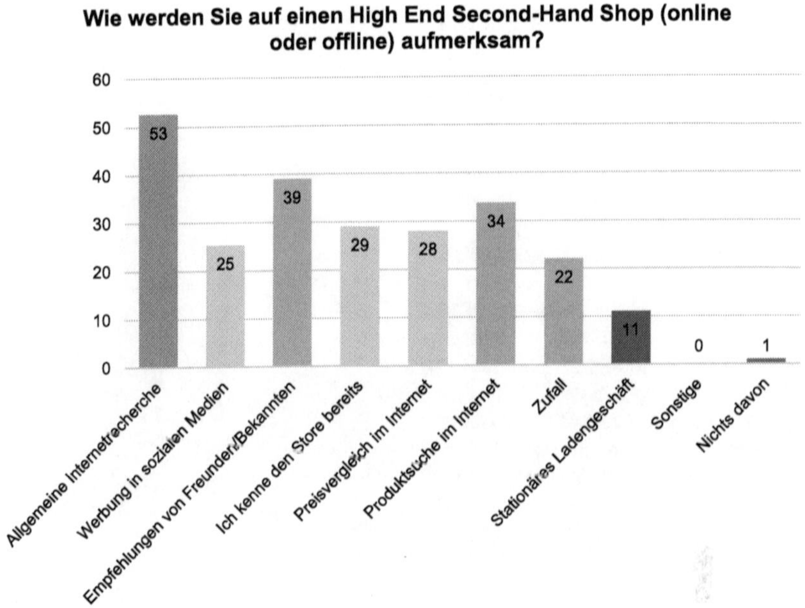

Welches sind die bekanntesten High End Second-Hand Shops in Deutschland? Ein Drittel der Kunden kannten „Luxussachen.com“, gefolgt von „Uhrenworld.com“ mit 28% der Nennungen. Dicht dahinter lag „maedchenflohmarkt.de“ mit 27% Bekanntheitsgrad. Der größte deutsche Second-Hand Shop „Rebelle“ erreichte einen Bekanntheitsgrad von 23% unter High End Second-Hand Kunden.

Welche dieser Second-Hand Shops, die auf Luxusprodukte spezialisiert sind, kennen Sie?

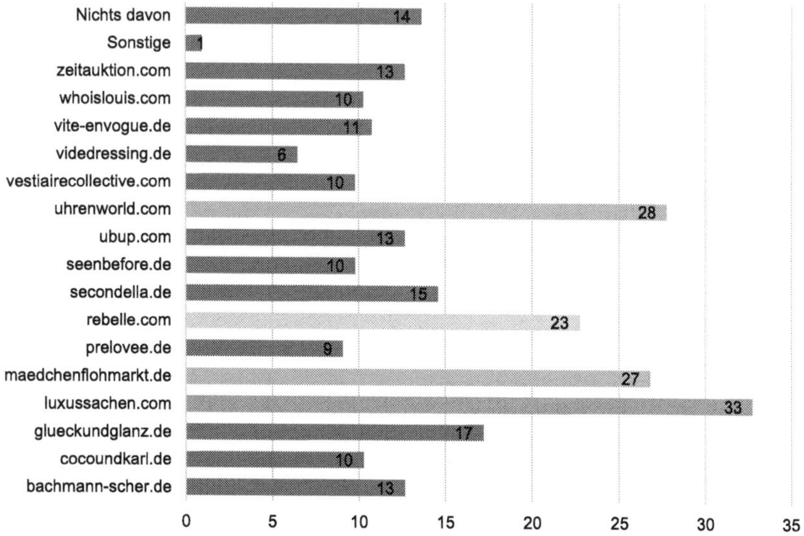

Für die Entscheidung in einem High End Second-Hand Store zu kaufen, dominieren Überlegungen zur Produktqualität und Preis, eng gefolgt von der Produktauswahl. Ein Drittel der Kunden lässt sich zudem von Bewertungen im Netz leiten. Jeder vierte Käufer entscheidet sich aufgrund der Reputation und des Beratungsservice für einen High End Second-Hand Shop. Die Verfügbarkeit eines bestimmten Modells ist für jeden fünften Luxuskunden ausschlaggebend.

Anhand welcher Kriterien wählen Sie einen High End Second-Hand Store (online oder offline) aus?

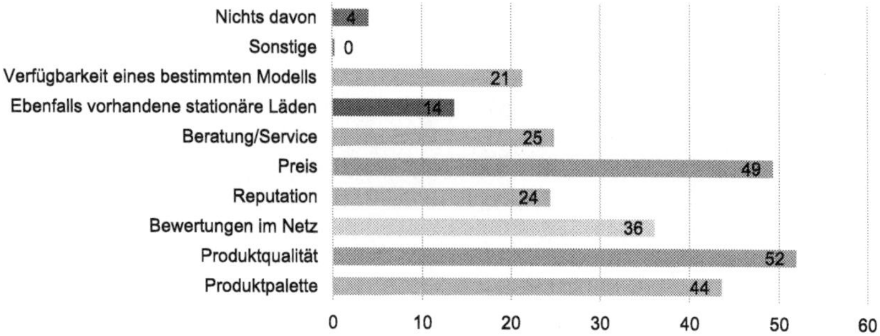

Jeder zweite Luxuskunde kauft seine persönlichen Luxusprodukte zu gleichen Teilen online und offline. Fast ein Drittel der Kunden tendiert sogar zum häufigeren Kauf online, und fast jeder zehnte Kunde kauft ausschließlich online. Nicht einmal jeder fünfte Luxuskunde kauft somit nur oder eher offline.

Kaufen Sie Ihre persönlichen Luxusprodukte eher online oder eher offline?

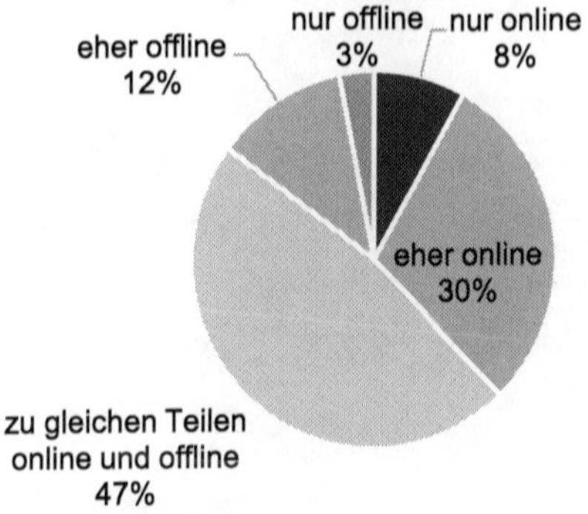

Die Vorteile des Onlinekaufs liegen für Luxuskunden primär in der Unabhängigkeit von Zeit und Ort (61% der Nennungen) sowie der Lieferung direkt nach Hause (54%). 44% der Kunden nutzen auch die größere Produktauswahl und 39% empfinden den Angebotsvergleich als einfacher als im stationären Ladengeschäft. Ein Drittel der Befragten legt besonderen Wert auf ein komfortables Rückgaberecht.

Welche Vorteile bietet der Onlinekauf eines persönlichen Luxusprodukts für Sie?

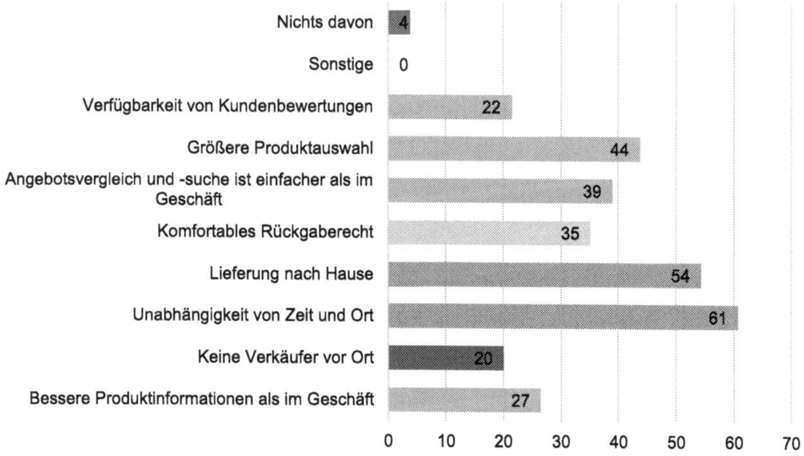

Für den Offlinekauf persönlicher Luxusprodukte spricht für zwei Drittel der Käufer insbesondere die haptische Produkterfahrung. 53% nennen Beratung durch das Servicepersonal als Grund für einen Offlinekauf. Das Ambiente im Store und das Einkaufserlebnis stehen für 44% der Befragten im Vordergrund. 42% kaufen lieber offline, da sie den Artikel dann sofort mitnehmen können.

Welche Vorteile bietet der Offlinekauf eines persönlichen Luxusprodukts für Sie?

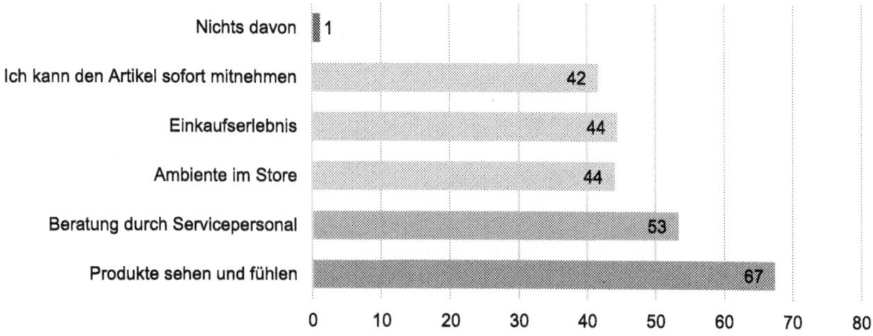

Für den Produktkauf von persönlichen Luxusprodukten in High End Second-Hand Stores sprechen klar finanzielle Gründe: 44% kaufen dort aufgrund eines besseren Preises, und 41% nennen ein besseres Preis-Leistungsverhältnis als ausschlaggebend. Ein Drittel der Interviewten mögen schlichtweg den Vintage-Look oder suchen nach besonderen, nicht mehr verfügbaren Modellen. Bessere Finanzierungsmöglichkeiten oder Nachhaltigkeit sind nur für jeden zehnten Luxuskunden relevante Argumente für einen Second-Hand Kauf persönlicher Luxusgüter.

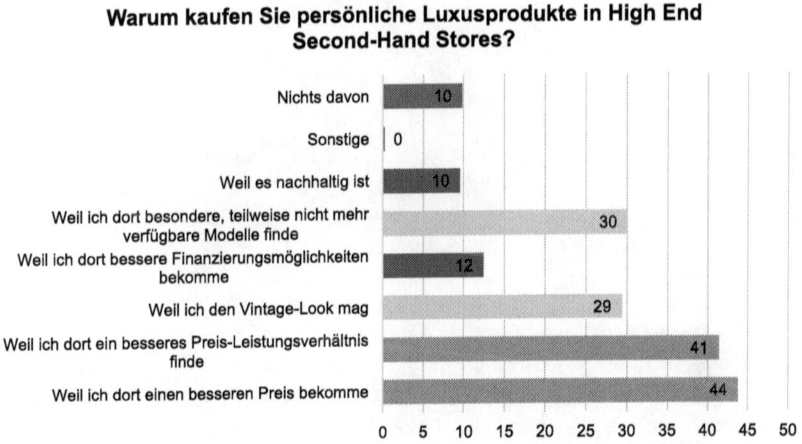

Für 78% der Luxuskunden ist der Kauf von persönlichen Luxusprodukten ein besonderes Ereignis. Nur 15% tätigen den Erwerb alleine. 61% werden dabei von ihrem Partner begleitet, 34% von Freunden. Je 15% bringen ihre Kinder oder Familie mit.

In den letzten 3 Jahren haben 9% der Luxuskunden einmal in High End Second-Hand Shops gekauft, 13% zweimal, 6% dreimal, 9% bis zu fünfmal und 7% bis zu zehnmal. Weitere 6% haben elfmal oder mehr etwas erworben. 8% haben noch nie dort gekauft, und 42% wissen es nicht.

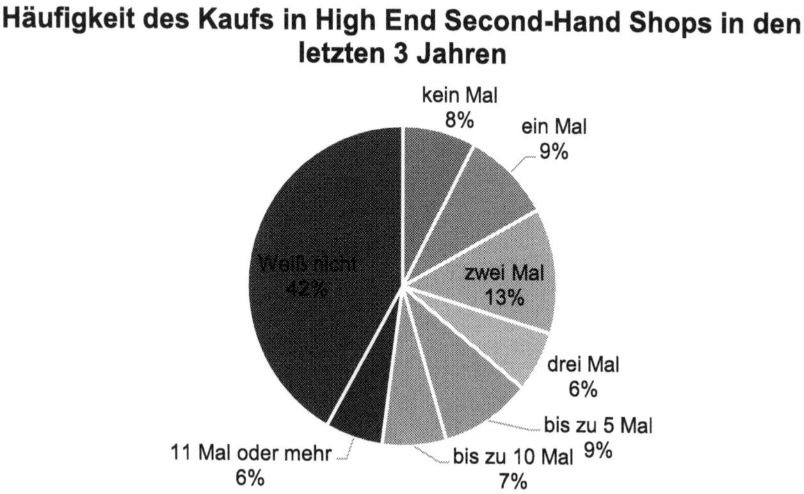

Was kaufen Luxuskunden in High End Second-Hand Shops? 34% der Kunden haben in High End Second-Hand Shops Kleidung gekauft, 23% Accessoires wie Brillen, Schals und Tücher. Ebenfalls 23% haben sich für hochwertige Schuhe entschieden, 22% für Taschen. 20% haben Designerschuhe erworben und 17% der Luxuskunden haben sich eine Uhr gebraucht gekauft. Andere Kleinwaren machen 4% der in High End Second-Hand Shops gekauften Produkte aus.

Die am häufigsten gekauften Mode/Accessoiremarken in High End Second-Hand Shops sind Chanel (32%), Gucci (27%), Louis Vuitton (24%), Giorgio/Emporio Armani (22%) sowie Burberry (20%). Bei gebraucht gekauften Luxusuhren dominieren die Marken Rolex (31%), Breitling (28%) sowie Omega (25%).

4.7 Konsum- und Nachkaufverhalten

Der letzte Abschnitt des Fragebogens thematisierte das Konsum- und Nachkaufverhalten: Wann tragen Luxuskunden ihre persönlichen Luxusgüter? Wie fühlen sie sich dabei? Wie zufrieden sind sie mit den Produkten, den Luxusläden im Allgemeinen, und insbesondere den High End Second-Hand Shops?

Zunächst wurde erfragt, wo Luxuskunden ihre persönlichen Luxusgüter tragen. Dabei ergab sich folgendes Bild: Ein Drittel der Befragten verwendet seine persönlichen Luxusgüter im Alltag. Fast ebenso viele Kunden benutzen sie jedoch nur zu besonderen Anlässen. Jeder fünfte Luxuskonsument erfreut sich an seinen

Luxusartikeln nur im beruflichen Umfeld, und ebenfalls jeder Fünfte trägt sie nur in den eigenen vier Wänden.

Die meisten persönlichen Luxusgüter werden sehr oft getragen: Mehr als jeder fünfte Befragte benutzt sie täglich, 41% der Befragten immerhin mehrmals wöchentlich. 14% verwenden sie mindestens einmal pro Woche. Drei Viertel der Befragten machen somit mindestens einmal pro Woche Gebrauch von ihren persönlichen Luxusgütern. Fast jeder fünfte Befragte trägt seine persönlichen Luxusgüter mehrmals pro Monat, 7% der Befragten seltener.

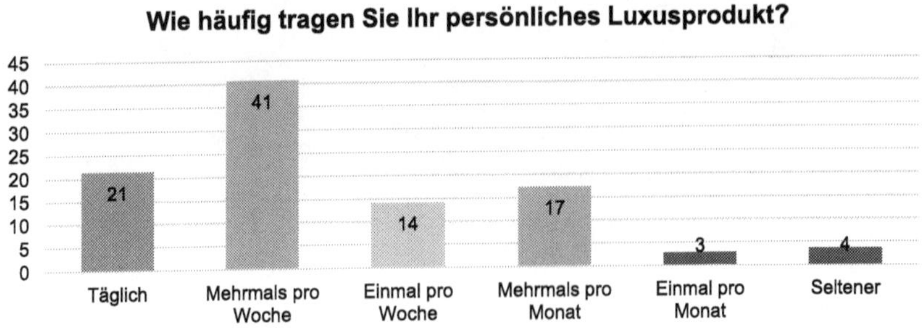

Warum tragen Luxuskunden ihre persönlichen Luxusgüter? Bei den Antworten dominiert klar der „Happiness-Faktor“: 58% der Befragten empfinden dabei Freude, und 43% sind schlichtweg glücklich. Das besondere Gefühl bei der

Benutzung ist für jeden Dritten Luxuskunden ausschlaggebend. Ebenfalls jeder dritte Befragte gibt auch an, das Tragen von Luxusgütern gehöre einfach zu seinem/ihren Auftritt dazu.

Insgesamt spielen demonstrative Faktoren jedoch meist nur für jeden vierten Kunden eine Rolle: 26% der Befragten möchten durch das Tragen von Luxusgütern attraktiver wirken, ebenso viele empfinden Stolz dabei. Fast jeder Vierte fühlt sich beim Konsum der betreffenden Artikel schön oder ist der Meinung, es würde seinen/ihren Style komplettieren. Jeder Fünfte empfindet dabei „Coolness“ und ebenfalls jeder Fünfte gibt an, sich durch das Tragen von Luxusgütern sicherer zu fühlen.

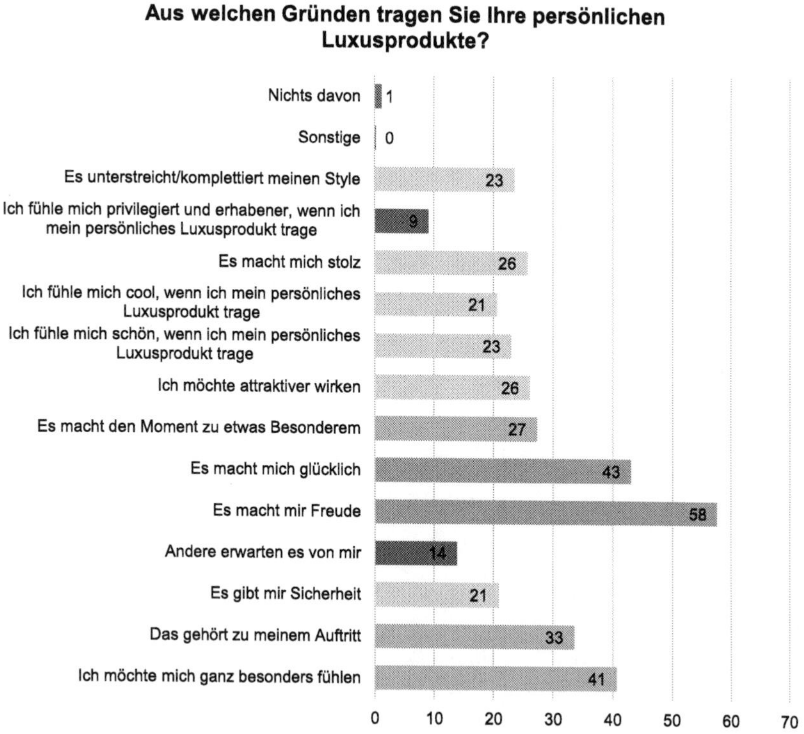

Gesellschaftliche Erwartungen für das Tragen von Luxusgütern spielen hingegen kaum eine Rolle, nur etwa 14% der Nennungen entfallen auf diese Angabe. Weniger als jeder Zehnte trägt zudem Luxusgüter, um sich privilegiert und erhaben zu fühlen.

Der zweite Abschnitt dieses Fragenblockes widmete sich der Nachkaufzufriedenheit. Im Hinblick auf den letzten Erwerb eines persönlichen Luxusproduktes gaben 92% der Luxuskunden an, dass ihre ideellen/emotionalen Erwartungen („Happiness Faktor") durch das Produkt erfüllt wurden. 94% gaben an, dass ihre Ansprüche an die Produktqualität bestätigt wurden.

Wie zufrieden sind Luxuskunden mit High End Second-Hand? Dazu sollten Konsumenten zunächst drei grundlegende Eigenschaften der in High End Second-Hand Läden (online und offline) angebotenen persönlichen Luxusprodukte beurteilen.

55% der befragten Luxuskunden empfanden den Preis von Second-Hand Luxusprodukten als besser als bei Neuware – und sogar jeder zehnte teilt diese Auffassung auch hinsichtlich Exklusivität und Qualität. Damit schätzen insgesamt 74% der Luxuskunden den Preis von Second-Hand Luxusartikeln als besser oder ebenbürtig mit dem der Neuware ein. 48% – und damit fast jeder zweite Kunde – hält die Exklusivität von gebrauchten Luxus-Gegenständen für besser oder genauso gut wie bei neuen Artikeln. 43% sind der Meinung, die Qualität von gebrauchten Luxuswaren sei besser oder identisch mit dem von neuen Artikeln. Weitere knapp 40% schätzen die Qualität und Exklusivität für fast genauso zufriedenstellend ein wie bei Neuware. Nur jeder zehnte Befragte hält Exklusivität und Qualität gebrauchter Luxusartikel für etwas schlechter als bei von ungebrauchten Luxusartikeln.

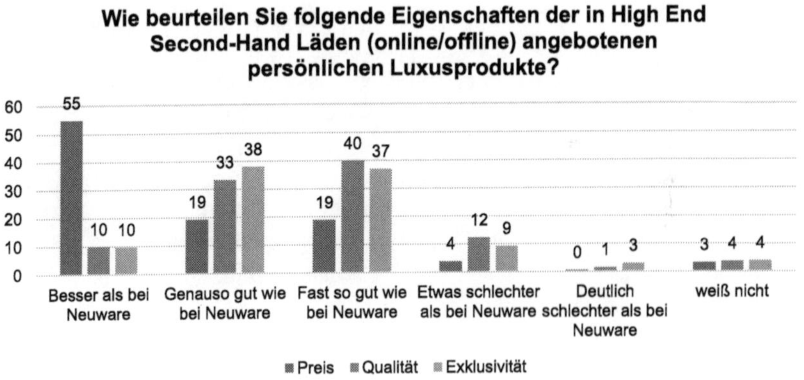

Weiterhin wurde die Zufriedenheit der Kunden im Hinblick auf verschiedene Parameter mit Bewertungs-Kriterien nach dem Schulnotenprinzip erfasst:

Parameter	1	2	3	4	5	6	Keine Angabe
Produktqualität	22%	49%	16%	7%	1%	0%	6%
Produktauswahl	19%	43%	25%	8%	1%	0%	5%
Online-/Offlineauftritt	20%	42%	23%	8%	1%	1%	5%
Einkaufs-Erlebnis	20%	38%	23%	11%	1%	1%	6%
Service	20%	39%	25%	8%	1%	0%	6%

Die Zufriedenheit mit der Produktqualität war mit 71% Nennungen der Note 1 und 2 mit Abstand am höchsten. Auf Platz zwei folgten mit 62% gut/sehr gut-Nennungen die Parameter Produktauswahl und Online/Offlineauftritt. 59% der Befragten beurteilten ihre Zufriedenheit mit dem Service als sehr gut oder gut; hinsichtlich der Beurteilung des Einkaufserlebnisses war dies bei 58% der Fall.

Insgesamt bewerten mehr als zwei Drittel der Luxuskunden ihre Zufriedenheit mit High End Second-Hand Läden mit „sehr gut" (18%) oder „gut" (50%). Jeder fünfte Kunde (20%) vergibt für seine Gesamtzufriedenheit die Note „befriedigend". 7% der Luxuskunden sind jedoch nur „ausreichend" zufrieden.

Zum Vergleich wurde gefragt, wie zufrieden Luxuskunden insgesamt mit Luxusläden allgemein (nicht High End Second-Hand) sind. Hier zeigte sich eine etwas höhere Zufriedenheit: 84% der Befragten bewerten ihre Zufriedenheit demnach mit sehr gut oder gut auf einer Schulnotenskala. Nur etwas mehr als jeder zehnte Kunde bewertet seine Zufriedenheit mit der Note „befriedigend".

Wo sehen Luxuskunden Verbesserungspotential bei High End Second-Hand Shops? Nur etwas mehr als jeder zehnte Kunde sieht keinerlei Verbesserungsmöglichkeiten. Leicht herausstechend im Hinblick auf die Anzahl der Nennungen ist der Parameter „Exklusivität": Jeder dritte Befragte erwartet mehr Exklusivität bei High End Second-Hand Shops. Dies wird dicht gefolgt von Wünschen nach einem ansprechenderen Ambiente (30% der Nennungen). Knapp dahinter liegt das Verlangen nach einer besseren Einkaufsberatung (28%). Immerhin jeder vierte Kunde sorgt sich um die Authentizitätsgarantie der angebotenen persönlichen Luxusgüter und sieht ebenso Verbesserungspotential bei der Produktpräsentation und -beschreibung. Jeder fünfte Befragte erhofft sich Verbesserungen bei Vertrauensbildung, Produktverpackung, Kundenservice und Kompetenz. Ebenso oft wird auch ein Forum zum Kundenaustausch gewünscht. Eine untergeordnete Rolle bei Verbesserungswünschen spielen Store-Zertifizierung sowie weitere Finanzierungsmöglichkeiten.

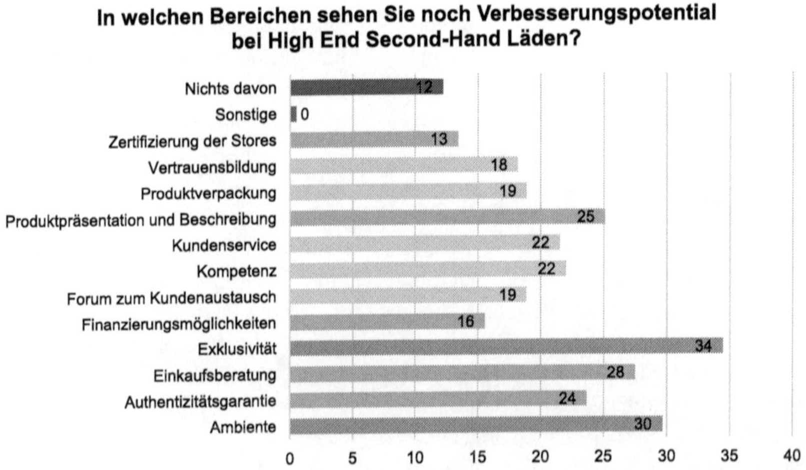

Abschließend wurde die gefühlte persönliche Beziehung/Verbundenheit der Luxuskunden hinsichtlich Luxus allgemein, einer bestimmten Luxusmarke sowie einem bestimmten Luxusprodukt erfragt. Das Ziel dabei war, die emotionale Verbundenheit von Luxuskunden mit diesen drei Parametern zu erkunden. Je 74% der Befragten gaben an, eine persönliche Beziehung oder Verbundenheit mit einer bestimmten Luxusmarke zu verspüren. Mehr als jeder zweite Kunde (53%) empfindet zudem eine persönliche Verbundenheit zu einem bestimmten Luxusstore. Insbesondere für Luxuskunden im Second-Hand Bereich sind demnach Luxusmarken und Luxusprodukte sowie sogar Luxusstores hochemotional besetzt.

4.8 Hypothesentests im Hinblick auf Geschlechtsunterschiede

Um einen t-Test für unabhängige Stichproben (z. B. Geschlecht) durchzuführen, müssen verschiedene Voraussetzungen gegeben sein (Universität Zürich, 2016):

- Es liegt eine unabhängige Variable vor, mittels der die beiden zu vergleichenden Gruppen gebildet werden. Zudem sind die Messwerte unabhängig voneinander.

- Das untersuchte Merkmal ist in den Grundgesamtheiten der beiden Gruppen normalverteilt (bei Stichprobengrößen>30 sind Verletzungen unproblematisch)
- Es herrscht Varianzhomogenität: Die Gruppen entstammen Grundgesamtheiten mit annähernd identischer Varianz.

Die unabhängige Variable ist das Geschlecht. Nach dieser werden die Stichproben aufgeteilt. Um die Normalverteilung zu testen, wurde der Kolmogorow-Smirnow-Test auf Normalverteilung durchgeführt. Bei allen Variablen des Fragebogens lag die Signifikanz bei $p<0{,}0001$. Da $p<$ Alpha (0,05) ist, wird die Nullhypothese „Normalverteilung" verworfen. Es ist daher von keiner Normalverteilung der Daten auszugehen. Bei Stichprobengrößen $n>30$ sind jedoch Verletzungen der Normalverteilung als unproblematisch anzusehen; es kann eine approximative Normalverteilung angenommen werden (Universität Zürich, 2016). Dies ist bei der vorliegenden Stichprobengröße (162 Frauen, 226 Männer) der Fall.

Im Anschluss wurde der Levene-Test auf Varianzhomogenität durchgeführt. Diese Voraussetzung wird jedoch als nicht so drängend erachtet, da SPSS bei T-Tests eine korrigierte Ausgabe inkludiert, die heterogene Varianzen berücksichtigt (Rasch, Friese, Hofmann & Naumann, 2010). Zudem ist der T-Test auch sehr robust bei Varianzheterogenität (Bortz & Döring, 2005).

Die Berechnungen aus SPSS finden sich im Anhang 2.

H_A1G: Es gibt geschlechtsbezogene Unterschiede in der Einstellung zu Luxus und Luxusgütern bei Käufern von Second-Hand persönlichen Luxusgütern.

Hinsichtlich der Assoziationen zum Begriff Luxus zeigten sich Geschlechtsunterschiede nur bei dem Item „Tradition", welches bei $p = 0{,}045$ leicht signifikant ist. Männer messen ihm eine etwas höhere Bedeutung im Hinblick auf Luxus bei als Frauen es tun. Dies bestätigt die Alternativhypothese.

Die Alternativhypothese zu Geschlechtsunterschieden bei der Faszinationskraft von Luxusgütern wird ebenfalls bestätigt: Es gibt signifikante Geschlechtsunterschiede in der Gewichtung der Items Funktionalität ($p = 0{,}016$), Ästhetik/Design ($p = 0{,}001$) sowie Tradition ($p = 0{,}019$). Funktionalität und Tradition sind für Männer wichtigere Faszinationsfaktoren bei Luxusgütern, während für Frauen Ästhetik und Design eine deutlich höhere Rolle spielt.

$H_0$2G: Es gibt keine geschlechtsbezogenen Unterschiede bezüglich des Informationsverhaltens zu persönlichen Luxusgütern bei Käufern von Second-Hand persönlichen Luxusgütern.

Der T-Test bezüglich allgemeinem Informationsverhalten zu Luxusgütern ist mit $p = 0.425$ nicht signifikant. Demnach ist keine einseitige Präferenz für online/offline Informationsverhalten bei Männern und Frauen feststellbar. Dies stützt eine Nullhypothese.

Bei Aufmerksamkeitstriggern für neue persönliche Luxusgüter bestehen jedoch hoch signifikante Geschlechtsunterschiede bei drei Items: Ladengeschäft (p = 0,03), Stars und Persönlichkeiten in klassischen Medien (p = 0,03) sowie Events und Messen (p = 0,01). Stars in klassischen Medien sind von höherer Bedeutung für Frauen, während Männer häufiger auf Messen und Events sowie in Ladengeschäften von neuen Luxusprodukten erfahren. Dies verwirft die Nullhypothese zugunsten einer Alternativhypothese.

Ein ähnliches Bild zeigt sich bei der Informationskanalwahl zur gezielten Information über persönliche Luxusgüter: Auch hier ergeben sich bei 3 Items deutlich signifikante Geschlechtsunterschiede: Ladengeschäft (p = 0,021), Stars in klassischen Medien (p = 0,02) und soziale Medien (p = 0,027). Wie zuvor erwähnt informieren sich Männer lieber gezielt im Ladengeschäft, während Stars und Persönlichkeiten in klassischen Medien auch für Frauen ein wichtiger Informationskanal zu persönlichen Luxusgütern sind. Auch spielen soziale Medien für Frauen eine wichtigere Rolle als Informationsquelle. Bei dieser Variablen wird daher die Nullhypothese ebenfalls zugunsten einer Alternativhypothese verworfen.

Daher wird die Hypothese 2G dahingehend geändert, dass es keine geschlechtsbezogenen Unterschiede bezüglich allgemeiner online/offline-Präferenzen gibt, dass jedoch bei Aufmerksamkeitstriggern und Informationskanalwahl zur gezielten Akquise von Informationen zu persönlichen Luxusprodukten deutliche Geschlechtsunterschiede auftreten.

H_A3G: Es gibt geschlechtsbezogene Unterschiede bezüglich der Kaufmotive für persönliche Luxusgüter bei Käufern von Second-Hand persönlichen Luxusgütern.

Hinsichtlich der allgemeinen Kaufmotive für persönliche Luxusgüter gibt es deutlich signifikante ($p < 0{,}024$) Geschlechtsunterschiede bei 3 Items: Der Belohnungsaspekt („Ich wollte mir etwas gönnen") spielt für Frauen eine deutlich größere Rolle beim Kauf von Luxusgütern als für Männer. Hingegen stehen Überlegungen zur Qualität und Werthaltigkeit bei Männern signifikant im Vordergrund. Dies bestätigt die Alternativhypothese.

Bei den Kaufmotiven für gebrauchte Luxusartikel gibt es jedoch keine Geschlechtsunterschiede: Bei keinem Item wird $p < 0{,}05$ erreicht, daher wird die Alternativhypothese zugunsten einer Nullhypothese verworfen.

Daher wird die Hypothese 3G geändert: Es gibt geschlechtsbezogene Unterschiede bezüglich der allgemeinen Kaufmotive für persönliche Luxusgüter bei

Käufern von Second-Hand persönlichen Luxusgütern, jedoch keine Geschlechtsunterschiede in den Kaufmotiven explizit für den Gebrauchtkauf von Luxusgütern.

$H_0$4G: Es gibt keine geschlechtsbezogenen Unterschiede bezüglich der präferierten Kaufkanäle für persönliche Luxusgüter bei Käufern von Second-Hand persönlichen Luxusgütern.

Da p = 0,257 wird diese Nullhypothese bestätigt.

$H_0$5G: Es gibt keine geschlechtsbezogenen Unterschiede bezüglich der Zufriedenheit mit Second-Hand Luxusläden bei Käufern von Second-Hand persönlichen Luxusgütern.

Da p>0,05 für alle Items ist, wird diese Nullhypothese bestätigt.

$H_0$6G: Es gibt geschlechtsbezogene Unterschiede bezüglich des Konsumverhaltens von persönlichen Luxusgütern bei Käufern von Second-Hand persönlichen Luxusgütern.

Keine Geschlechtsunterschiede gibt es in der Tragefrequenz persönlicher Luxusgüter: p=0,167 verwirft die Alternativhypothese zugunsten einer Nullhypothese.

Bei den Konsumorten von persönlichen Luxusgütern sind Geschlechtsunterschiede bei dem Item „Zu Hause" mit p = 0,005 hochgradig signifikant: Männer tragen persönliche Luxusgüter deutlich häufiger zuhause als Frauen es tun. Dies bestätigt die Alternativhypothese.

Ein signifikanter (p = 0.035) Unterschied besteht jedoch bei einem bestimmten Konsummotiv für das Tragen von persönlichen Luxusgütern: Frauen geben häufiger an, dass dies den Moment zu etwas Besonderem machen würde. Dies bestätigt die Alternativhypothese bei diesem Item.

Daher wird Hypothese 6G angepasst: Es gibt keine geschlechtsbezogenen Unterschiede bezüglich der Konsumfrequenz von persönlichen Luxusgütern bei Käufern von Second-Hand persönlichen Luxusgütern. Jedoch bestehen signifikante Geschlechtsunterschiede bei den Konsumanlässen und Konsummotiven bei Käufern von gebrauchten persönlichen Luxusgütern.

4.9 Hypothesentests im Hinblick auf Altersunterschiede

Bei mehr als zwei zu vergleichenden Stichproben ist ein t-Test nicht mehr ausreichend. In diesem Fall wird die einfaktorielle Varianzanalyse ANOVA verwendet. Die Voraussetzungen Messunabhängigkeit, Normalverteilung und Varianzhomogenität sind identisch wie bei einem t-Test. Simulationsstudien haben gezeigt, dass die einfaktorielle ANOVA relativ robust gegenüber Verletzungen der Normalverteilungsannahme ist (Salkind, 2010). Bei Varianzheterogenität kann zudem eine modifizierte **Welch ANOVA** gerechnet werden, die generell robuster gegenüber Verletzungen von Annahmen ist (Bortz & Döring, 2005). Beide Verfahren sind robust gegenüber unterschiedlichen Gruppengrößen (Bortz & Döring, 2005). Daher wurde bei Items mit Varianzhomogenität eine ANOVA verwendet, und bei Items mit Varianzheterogenität eine Welch ANOVA.

Zur Verdeutlichung der Gruppenunterschiede wurde im Anschluss ein Post Hoc Test durchgeführt: Bei ungleichen Varianzen wurde der Games-Howell-Test durchgeführt, und bei Varianzhomogenität der GT2-Test nach Hochberg (Salkind, 2010).

Die untersuchten Gruppen sind die Altersbereiche 18–29 Jahre (n = 101), 30–59 Jahre (n = 275) sowie >60 Jahre (n = 42).

Die Berechnungen aus SPSS finden sich im Anhang 3.

H_A1A: Es gibt altersbezogene Unterschiede in der Einstellung zu Luxus und Luxusgütern bei Käufern von Second-Hand persönlichen Luxusgütern.

Hinsichtlich der altersbezogenen Unterschiede in den Assoziationen mit Luxus war lediglich das Item Exklusivität mit p = 0,028 statistisch signifikant. Der Games-Howell post-hoc Test zeigte dabei, dass sich die Altersgruppe 18–29 Jahre und >60 Jahre in der Ausprägung des Items Exklusivität signifikant unterschieden; die Werte in der Gruppe 18–29 Jahre lagen dabei im Schnitt um 0,211 niedriger.

Bei der Faszinationskraft von persönlichen Luxusgütern bestanden deutliche Altersunterschiede bei den Items „Gute Verarbeitung" (p<0,001), „Langlebigkeit/ Werthaltigkeit" (p = 0,028), „Edle Materialien" (p = 0,027), „Prestige" (p = 0,036) sowie „Symbolik" (p = 0,002). Der Games-Howell post-hoc Test zeigte einen signifikanten Unterschied (p<.008) in der Bedeutung des Items „Gute Verarbeitung" für die Faszinationskraft eines persönlichen Luxusgutes zwischen allen Altersgruppen. Die durchschnittliche Nennungshäufigkeit stieg mit dem Alter: Von 18–29 Jährigen zu 30–59 Jährigen (0.178, 95%-CI[0.04, 0.31]), von 18–29 Jährigen zu >60 Jährigen (0.408, 95%-CI[0.23, 0.59]) und von 30–59 Jährigen zu >60 Jährigen (0.23, 95%-CI[0.07, 0.39]). Der Games-Howell post-hoc Test zeigte einen signifikanten Unterschied (p = 0.036) in der Nennung des Items „Langlebigkeit/Werthaltigkeit" zwischen den Gruppen 18–29 Jähriger und >60 Jähriger (−0.229, 95%-CI[−0.45, −0.01]): Er spielt für die höchste Altersgruppe demnach eine größere Rolle als für die jüngste Altersgruppe. Gleiches gilt für das Item „Edle Materialien": Hier wiesen die >60-Jährigen ebenfalls einen signifikanten (p=0.026), um 0.229 höheren Mittelwert auf als die jüngste Altersgruppe (0.229, 95%-CI[0.02, 0.44]). Ein leicht signifikanter (p = 0.045) Unterschied bestand bei dem Item „Prestige" zwischen den 30–59-Jährigen und den >60-Jährigen (0.166, 95%-CI[0.00, 0.33]). Auch beim Item „Symbolik" gab es signifikante Differenzierungen von den 18–29-Jährigen zu den 30–59-Jährigen (Abnahme um 0,144) sowie von den 18–29-Jährigen zu den >60-Jährigen (Abnahme um 0,257). Nur die Gruppe der 30–59-Jährigen und >60-Jährigen zeigte keine statistisch signifikanten Unterschiede.

Dies bestätigt die aufgestellte Alternativhypothese.

H_A2A: Es gibt altersbezogene Unterschiede bezüglich des Informationsverhaltens zu persönlichen Luxusgütern bei Käufern von Second-Hand persönlichen Luxusgütern.

Diese Alternativhypothese wird bestätigt, da es sowohl bei dem allgemeinen Informationsverhalten, aber auch bei Aufmerkamkeitstriggern für neue Produkte, und bei den gezielt genutzten Informationskanälen deutliche Unterschiede zwischen den Altersgruppen gibt.

Zunächst findet man generell hoch signifikante ($p = 0.001$) Präferenzen für online/offline Informationskanäle zwischen den drei Altersgruppen. Der Games-Howell post-hoc Test bestätigte ($p < 0.023$) deutliche Unterschiede zwischen der Altersgruppe 18–29 und 30–59 (−0.274, 95%-CI[−0.52, −0.03]), sowie 18–29 und >60 (−0.568, 95%-CI[−0.95, −0.18]). Dies bedeutet, dass mit steigendem Alter eine deutliche Präferenz für offline-Informationen einhergeht.

Bei den aufmerksamkeitsgenerierenden Kanälen für neue Produkte ergibt sich folgendes Bild:

- Das Item „Durch den Sales Advisor“ ist mit $p = 0.017$ signifikant. Dieser Unterschied wird durch den Games-Howell-Test signifikant mit $p = 0.03$ bestätigt: Die Altersgruppen 18-29 und >60 unterscheiden sich (0.138, 95%-CI[0.01, 0.25]), sowie 30–59 und >60 (0.101, 95%-CI[0.01, 0.20]). Der Sales Advisor spielt demnach für die Altersgruppen 18–29 und 30–59 eine wichtigere Rolle.
- Das Item „Stars und Persönlichkeiten in klassischen Medien (TV, Radio, Print)“ ist mit $p = 0.047$ leicht signifikant. Diese Unterschiede zeigen sich jedoch nicht im Games-Howell-Test.
- Das Item „Stars und Persönlichkeiten, denen ich in sozialen Medien folge“ ist hingegen mit $p < 0.001$ hoch signifikant. Der Games-Howell post-hoc Test bestätigte ($p < 0.004$) deutliche Unterschiede zwischen der Altersgruppe 18–29 und 30–59 (0.169, 95%-CI[0.05, 0.29]), sowie 30–59 und >60 (0.265, 95%-CI[0.12, 0.41]). Dies bedeutet, dass das Item „Stars und Persönlichkeiten, denen ich in sozialen Medien folge“ für die jüngste Altersgruppe am wichtigsten ist.

- Das Item „Redaktionelle Beiträge zu Luxusprodukten in Magazinen" ist leicht signifikant ($p = 0.044$). Im signifikanten ($p = 0.035$) Games-Howell post-hoc Test zeigte sich, dass der Mittelwert in der Altersgruppe 18–29 um 0.225 geringer lag (95%-CI[−0.44, −0.01]) als in der Altersgruppe >60.

Bei der Kanalnutzung zur gezielten Informationsakquise zu persönlichen Luxusprodukten ergibt sich folgendes Bild:

- Die Welch ANOVA für das Item „Durch den Sales Advisor" war mit $p<0.001$ hoch signifikant. Der Games-Howell post-hoc Test zeigte einen signifikanten Unterschied ($p<.048$) in der Bedeutung des Items zwischen allen Altersgruppen. Der durchschnittliche Nennungshäufigkeit sank mit dem Alter: Von 18–29 Jährigen zu 30–59 Jährigen (−0.113, 95%-CI[−0.22, 0.00]), von 18–29 Jährigen zu >60 Jährigen (−0.213, 95%-CI[−0.33, −0.10]) und von 30-59 Jährigen zu >60 Jährigen (−0.101, 95%-CI[−0.18, −0.030]).
- Die Welch ANOVA für das Item „Stars und Persönlichkeiten in klassischen Medien (TV, Radio, Print)" war mit $p = 0.016$ signifikant. Im signifikanten ($p = 0.011$) Games-Howell post-hoc Test zeigte sich, dass der Mittelwert in der Altersgruppe 18–29 um 0.174 höher lag (95%-CI[0.03, 0.32]) als in der Altersgruppe >60. Gleiches gilt für das Item „Stars und Persönlichkeiten, denen ich in sozialen Medien folge". Dies war mit $p = 0.020$ signifikant. Im signifikanten ($p = 0.022$) Games-Howell post-hoc Test zeigte sich, dass der Mittelwert in der Altersgruppe 18–29 um 0.139 höher lag (95%-CI[0.02, 0.26]) als in der Altersgruppe >60. Diese Items sind daher für die Altersgruppe 18–29 von höherer Bedeutung als für die Altersgruppe >60.
- Das Item „Soziale Medien" war mit $p<0.001$ hoch signifikant. Der Games-Howell Test zeigte hoch signifikante ($p<0.001$) Unterschiede zwischen den Altersgruppen 18–29 und >60 (0.203, 95%-CI[0.09, 0.32]) sowie zwischen den Altersgruppen 30–59 und >60 (0.148, 95%-CI[0.07, 0.23]). Damit spielen soziale Medien in den Altersgruppen 18–29 und 30–59 eine deutlich wichtigere Rolle zur gezielten Informationsgewinnung zu persönlichen Luxusgütern als es in der Altersgruppe >60 der Fall ist.
- Das Item „Im Internet allgemein (Internetsuche)" war ebenfalls mit $p = 0.005$ signifikant. Der Games-Howell Test zeigte signifikante ($p<0.024$) Unterschiede zwischen den Altersgruppen 18–29 und 30–59 (−0.128, 95%-CI[−0.24, −0.02]) sowie zwischen den Altersgruppen 18–29 und >60 (−0.232, 95%-CI[−0.44, −0.03]). Die Bedeutung der allgemeinen Internetsuche nahm damit mit dem Alter zu – und war in der Altersgruppe 18–29 am geringsten.

H_A3A: Es gibt altersbezogene Unterschiede bezüglich der Kaufmotive für persönliche Luxusgüter bei Käufern von Second-Hand persönlichen Luxusgütern.

Die Alternativhypothese bezüglich der Kaufmotive für persönliche Luxusgüter wird bestätigt:

- „Ich wollte mich belohnen/mir etwas Gutes tun“ mit $p = 0.023$. Dieser Unterschied wird durch den Games-Howell-Test leicht signifikant mit $p > 0.048$ bestätigt: Die Altersgruppen 18–29 und 30–59 unterscheiden sich (0.138, 95%-CI[0.00, 0.27]) sowie 18–29 und >60 (0.217, 95%-CI[0.00, 0.43]). Das bedeutet, dass der Belohnungsaspekt ein bedeutenderes Kaufmotiv für jüngere Generationen ist.
- „Ich wollte meinen Status zeigen/Anerkennung bekommen“ mit $p = 0.044$. Diese Unterschiede zwischen den Altersgruppen 18–29 und >60 (0.146, 95%-CI[0.01, 0.28]) werden durch den Games-Howell-Test mit $p = 0.033$ bestätigt. Das Item „Ich wollte mich von anderen differenzieren“ ist ebenfalls signifikant mit $p = 0.017$. Diese Unterschiede zwischen den Altersgruppen 18–29 und >60 (0.150, 95%-CI[0.03, 0.27]) werden durch den Games-Howell-Test mit $p = 0.012$ bestätigt. Dies bedeutet, dass die jüngste Generation einen höheren Wert auf Statusdemonstration und Differenzierung legt.
- „Ich wollte etwas besonders Werthaltiges kaufen“ mit $p < 0.001$. Hier besteht ein deutlicher Unterschied ($p < 0.001$) zwischen den jüngeren Generationen und der ältesten Altersgruppe, und zwar bei den Altersgruppen 18–29 und >60 (−0.411, 95%-CI[−0.62, −0.20]) sowie 30–59 und >60 (−0.368, 95%-CI[−0.56, −0.17]).

Auch die Gründe für den Kauf von Second-Hand Luxus unterscheiden sich: Das Item „Weil ich dort ein besseres Preis-Leistungsverhältnis finde“ ist zwar in der Welch-ANOVA mit $p = 0.017$ signifikant; dies kann jedoch aufgrund der unterschiedlichen Test-Power im Games-Howell-Test nicht bestätigt werden. Die Präferenz für Vintage-Looks unterscheidet sich jedoch hoch signifikant ($p < 0.001$) zwischen den Altersgruppen. Dies gilt insbesondere für die jüngeren Altersgruppen: Diese Unterschiede werden durch den Games-Howell-Test mit $p < 0.001$ bestätigt, und zwar bei den Altersgruppen 18–29 und >60 (0.335, 95%-CI[0.18, 0.48]) sowie 30–59 und >60 (0.216, 95%-CI[0.10, 0.33]). Dies unterstreicht den Trend zu Vintage – und bestätigt die Alternativhypothese.

H_04A: Es gibt keine altersbezogenen Unterschiede bezüglich präferierter Kaufkanäle für persönliche Luxusgüter bei Käufern von Second-Hand persönlichen Luxusgütern.

Die altersbezogenen Unterschiede sind hoch signifikant ($p<0.001$). Auch der Hochberg-Test zeigte hoch signifikante ($p<0.006$) Unterschiede zwischen allen Altersgruppen und belegte eine mit dem Alter steigende Präferenz für den stationären Kauf: Der Mittelwert stieg von 18–29-Jährigen zu 30–59-Jährigen um 0.312 (95%-CI[0.07, 0.55]) und von 30–59-Jährigen zu >60-Jährigen um 0.571 (95%-CI[0.23, 0.92]). Von 18–29-Jährigen zu >60-Jährigen stieg der Mittelwert um 0.884 (95%-CI[0.51, 1.26]). Dies verwirft die Nullhypothese zugunsten einer Alternativhypothese.

$H_0$5A: Es gibt keine altersbezogenen Unterschiede bezüglich der Zufriedenheit mit Second-Hand Luxusläden bei Käufern von Second-Hand persönlichen Luxusgütern.

Bei dem Item „Gesamtzufriedenheit" bestehen mit $p = 0.015$ signifikante Unterschiede zwischen den Altersgruppen. Diese werden durch den Hochberg-Test mit $p<0.019$ bestätigt, und zwar bei den Altersgruppen 18–29 und >60 (0.655, 95%-CI[0.09, 1.22]) sowie 30–59 und >60 (0.585, 95%-CI[0.07, 1.10]). Im Alter herrscht demnach ein deutlich geringeres Zufriedenheitsniveau. Dies verwirft die Nullhypothese zugunsten einer Alternativhypothese.

$H_0$6A: Es gibt keine altersbezogenen Unterschiede bezüglich des Konsumverhaltens von persönlichen Luxusgütern bei Käufern von Second-Hand persönlichen Luxusgütern.

Die Tragehäufigkeit von persönlichen Luxusgütern unterschied sich statistisch signifikant zwischen den Altersgruppen ($p = 0.044$). Im Alter, insbesondere von der Gruppe der 30–59-Jährigen zu den >60-Jährigen, sank die Tragehäufigkeit signifikant ($p = 0.037$) um 0.635 (95%-CI[0.03, 1.24]). Dies verwirft die Nullhypothese zugunsten einer Alternativhypothese bei der Tragehäufigkeit von persönlichen Luxusgütern.

Die Trageanlässe persönlicher Luxusgüter unterscheiden sich statistisch signifikant bei den Items „Zu Hause" ($p<= 0.001$), „bei der Arbeit" ($p = 0.016$) sowie „zu besonderen Anlässen" ($p = 0.004$). Diese Unterschiede wurden durch den im Anschluss durchgeführte Post-Hoc Test bestätigt ($p<0.002$), und zwar bei den Altersgruppen 18–29 und >60 (0.279, 95%-CI[0.10, 0.46]) sowie 30–59 und >60 (0.277, 95%-CI[0.12, 0.43]). Dies bedeutet, dass jüngere Menschen ihre persönlichen Luxusgüter eher auch zu Hause tragen. Die Gruppen 18–29 und 30–59 unterschieden sich dabei jedoch nicht voneinander. Gleiches gilt auch für das Item „Bei der Arbeit": Der Unterschied ist signifikant ($p = 0.038$) zwischen den Altersgruppen 18–29 und >60 (0.202, 95%-CI[0.01, 0.39]) sowie ebenfalls signifikant ($p = 0.015$) zwischen den Altersgruppen 30–59 und >60 (0.277, 95%-CI[0.03, 0.37]). Signifikante Unterschiede ($p = 0.04$) bestanden auch zwischen den Altersgruppen 18–29 und 30–59 hinsichtlich des Items „bei besonderen Anlässen": Die jüngste Altersgruppe trägt Luxusgüter seltener (−0.185) zu besonderen Anlässen als die mittlere Altersgruppe es tut (95%-CI[−0.32, −0.05]). Dies verwirft die Nullhypothese zugunsten einer Alternativhypothese bei den Trageanlässen von persönlichen Luxusgütern.

Auch bei sechs Tragegründen gibt es signifikante Unterschiede zwischen den Altersgruppen:

- „Es gibt mir Sicherheit" mit p = 0.014. Der Unterschied ist auch im Post-Hoc Test signifikant (p = 0.010) zwischen den Altersgruppen 18–29 und >60 (0.192, 95%-CI[0.04, 0.34]). „Andere erwarten es von mir" mit p = 0.024. Der Unterschied ist auch im Post-Hoc Test signifikant (p = 0.030) zwischen den Altersgruppen 18–29 und >60 (0.131, 95%-CI[0.01, 0.25]). Das bedeutet, dass sowohl der Faktor Sicherheit, aber auch die gesellschaftliche Erwartungshaltung eine größere Rolle als Trageanlass für die jüngste Altersgruppe spielen.
- „Es macht mir Freude" mit p = 0.034. Der Unterschied ist auch im Games Howell Test leicht signifikant (p = 0.043) zwischen den Altersgruppen 18–29 und >60 (−0.215, 95%-CI[−0.42, −0.01]).
- „Ich fühle mich schön, wenn ich mein persönliches Luxusprodukt trage" mit p = 0.015. Dies ist dabei eher ein Phänomen der jüngeren Altersgruppen: Der Unterschied ist signifikant (p = 0.031) zwischen den Altersgruppen 18–29 und >60 (0.162, 95%-CI[0.01, 0.31]) sowie ebenfalls signifikant (p = 0.020) zwischen den Altersgruppen 30–59 und >60 (0.145, 95%-CI[0.02, 0.27]). Gleiches gilt für das Item „Das gehört zu meinem Auftritt" mit p = 0.012. Der Unterschied ist ebenfalls signifikant (p = 0.013) zwischen den Altersgruppen 18–29 und >60 (0.219, 95%-CI[0.04, 0.40]) und signifikant (p = 0.024) zwischen den Altersgruppen 30–59 und >60 (0.175, 95%-CI[0.02, 0.33]).
- „Es unterstreicht/komplettiert meinen Style" mit p = 0.001. Der Unterschied ist hoch signifikant (p = 0.005) zwischen den Altersgruppen 18–29 und >60 (−0.276, 95%-CI[−0.48, −0.007]) und signifikant (p = 0.016) zwischen den Altersgruppen 18–29 und 30–59 (−0.119, 95%-CI[−0.22, −0.02]). Die Stilbedeutung von Luxusgütern steigt somit mit dem Alter.
- Dies verwirft die Nullhypothese zugunsten einer Alternativhypothese bei den Gründen für das Tragen von persönlichen Luxusgütern.

Daher wird die Hypothese 6A dahingehend geändert, dass es deutliche altersbezogene Unterschiede bezüglich des Konsumverhaltens von persönlichen Luxusgütern bei Käufern von Second-Hand persönlichen Luxusgütern gibt.

Diskussion 5

In diesem Kapitel werden die Ergebnisse der Studie für Wissenschaft und Praxis diskutiert.

5.1 High End Second-Hand: Vom Nischendasein zum eigenständigen Markt

Die Ergebnisse der Studie deuten eine dramatische Transformation des High End Second-Hand Bereichs an. Gebrauchter Luxus – lange Zeit belächelt als „Option für diejenigen, die sich keine Neuware leisten konnten": Diese ehemals ambivalente Haltung weicht der Anerkennung als hoch interessanter Markt. Vintage oder Second-Hand Luxusgüter entwickeln sich zum Kennzeichen von Kennerschaft – von potenten Luxuskunden, die besser, schneller, umfassender und nachhaltiger informiert sind als andere. Die vorliegenden Ergebnisse zeichnen das Bild eines außergewöhnlichen Kundenspektrums mit einem sehr elaborierten Kundenprofil.

Gleichzeitig deckt die Studie ein erhebliches wirtschaftliches Potential auf: In der Befragung gaben 30 % aller Luxuskunden an, schon einmal persönliche Luxusgüter gebraucht gekauft oder nach solchen geschaut zu haben. Weitere 42,5 % der Luxuskunden könnten sich vorstellen, dies in Zukunft zu tun. Diese Zahlen verdeutlichen das erhebliche Wachstumspotential dieses Produktbereiches. Mit diesen Inzidenzraten stellt Second-Hand Luxus nicht länger ein Nischenphänomen dar, sondern vielmehr eine zukunftsweisende, eigenständige Entwicklung innerhalb des Luxusmarktes.

P. Grützmacher, *Second-Hand Luxus in Deutschland*, BestMasters,
https://doi.org/10.1007/978-3-658-32067-6_5

5.2 Kaufverhalten im High End Second-Hand Markt

Die Befragung stellt verschiedene Phasen und Aspekte des Konsumentenverhaltens dar. Dabei wird der Entscheidungsfindungsprozess – von Disposition über Einstellung, Einflussfaktoren bis hin zu Informationsgewinnung, Kaufkanalwahl und Nachkaufverhalten vorgestellt.

5.2.1 Einstellung

Die befragten Personen vermittelten ein qualitativ besonders geprägtes Luxusverständnis. Dessen Essenz ergibt sich aus dem Zusammenspiel von höchster Qualität gepaart mit Exklusivität, Stil und Werthaltigkeit. Dieses vorgestellte Modell bedingt die individuell assoziative Faszinationskraft von Luxusgütern. Bei der Gewichtung dieser assoziativen Kriterien zeigten sich in der Befragung leichte Geschlechtsunterschiede: Männer assoziieren Luxus eher mit erstklassiger Funktionalität und Tradition, während für Frauen ästhetisches Design im Vordergrund steht.

Es zeigt sich auch eine unterschiedliche Gewichtung von Assoziationen zur Faszinationskraft für Luxusgüter über verschiedene Altersgruppen: Für jüngere Altersgruppen (18–29 und 30–59 Jahre) steht die Bedeutung der Symbolik von Luxus im Vordergrund. Eher traditionelle Aspekte von Luxus wie edle Materialien und Langlebigkeit sind für die Altersgruppe der über-60-Jährigen besonders bedeutsam. Interessanter Weise zeigte sich in der Befragung eine sinkende Bedeutung von hochwertiger Verarbeitung mit steigendem Alter. Ein intergenerational verschiedenes Luxusverständnis wurde bereits in der Studie von Hauck & Stanforth (2007) nachgewiesen.

Hingegen ist über alle Altersgruppen hinweg ist eine leichte, aber stetig wachsende Tendenz zur Nachhaltigkeit beobachtbar: Zwar assoziiert momentan noch nur jeder fünfte Luxuskunde den Begriff Nachhaltigkeit mit Luxus, doch schon jeder dritte Kunde stimmt der Aussage „Luxus ist Nachhaltigkeit" zu. Mehr als die Hälfte der Kunden geben an, lieber weniger zu kaufen und dafür besondere Stücke von bester Qualität. Luxus wird demnach selektiver, qualitativer und nachhaltiger.

5.2.2 Kaufmotive

Insgesamt sind die Kaufmotive für persönliche Luxusgüter von hedonistischen und qualitätsfokussierten Gründen geprägt. Hierbei gibt es jedoch signifikante

Geschlechtsunterschiede: Wie schon in den Studien von Stokeburger-Sauer & Teichmann (2011) und Wiedmann, Hennigs & Siebel (2009) hervorgehoben wird, steht für Frauen der Genuss/Belohnungsaspekt beim Luxuskauf im Vordergrund. Männer hingegen gewichten Qualität und Werthaltigkeit stärker bei den Kaufmotiven. Hedonistische und demonstrative Kaufmotive sind auch für die Altersgruppe 18–29 Jahre wichtiger als für ältere Luxuskunden, während für die Altersgruppe > 60 Jahre das Kaufmotiv Werthaltigkeit Priorität hat. Dies deckt sich einerseits mit Erkenntnissen von Srinivasan, Srivastava & Bhanot (2014) aus Indien, aber bestätigt auch die durch Hauck & Stanforth (2007) in Amerika aufgedeckten starken Unterschiede in Konsummotiven zwischen der jüngsten und ältesten Altersgruppe bei Kaufmotiven im Luxussegment.

Der dominante, alters- und geschlechtsübergreifende Einfluss von Qualität zeigt sich auch in den Parametern, auf deren Basis die Kaufentscheidung getroffen wird: Qualität, Design und Marke sind mit Abstand die wichtigsten Auswahlkriterien für persönliche Luxusprodukte. Dies stützt Erkenntnisse der Typologie der Wünsche von Roland Berger (2017), wonach ein hoher ästhetischer und qualitativer Anspruch in allen Altersgruppen zu verzeichnen ist. Bei der Markenwahl überwiegen Überlegungen zum Qualitätsanspruch der Marke sowie zur Markensympathie/Markenpersönlichkeit.

5.2.3 Second-Hand Luxusprodukte – eine emotionale Beziehung

Luxusgüter sind insbesondere im Second-Hand Luxussegment hochemotional besetzt.

So bekommen fast alle Second-Hand Luxuskunden Herzklopfen – werden also emotional aktiviert – wenn sie an Luxus, eine Luxusmarke oder ein bestimmtes Luxusprodukt denken. Auch zeichnen sich Second-Hand Kunden durch eine enorm starke Marken- und Produktbindung aus. Auch zeigte sich eine starke emotionale Affinität gegenüber individuell bedeutsamen Luxusmarken und Produkten: Drei Viertel fühlen sich einer bestimmten Luxusmarke oder einem Luxusprodukt gegenüber emotional oder persönlich verbunden. Diese starke Bindung zeigt sich auch im Hinblick auf Shops: Mehr als die Hälfte der Second-Hand Luxuskunden empfinden eine persönliche Bindung zu einem bestimmten Luxusstore. Das Ausmaß dieser emotionalen Bindung wird umso deutlicher, wenn es exemplarisch mit der Referenzgruppe der Nur-Neuware-Käufer verglichen wird: Hier geben nur 54 % eine Bindung zur Marke an, 64 % zum Produkt, und sogar nur 31 %

zu einem bestimmten Store. Dies bedeutet, dass Second-Hand Kunden bezüglich der emotionalen Kundenbindung zu Luxusmarken und Luxusstores eine um 20 % häufigere emotionale Bindung aufweisen, und bei Luxusmarken immerhin um 10 %. Dies unterstreicht die höchst emotionale Bindung von Luxuskunden im Second-Hand Bereich zu Marken, Produkten und sogar Kaufkanälen.

Dieser Gefühlsfaktor zeigt sich auch beim Nutzen/Verwendung der Güter: Luxusgüter sind für Second-Hand Luxuskunden „positive Gefühle zum Tragen" – oder „Happiness to go". Glücksgefühle sind der zentrale Grund für das Tragen von Luxusartikeln für Second-Hand Kunden: Es macht ihnen Freude, sie sind glücklich und fühlen sich besonders. Jeder vierte Kunde fühlt sich stolz, ebenso viele cool, schön oder attraktiver. Demonstrativer Konsum spielt hierbei eine eher zweitrangige Rolle: Für jeden dritten Kunden gehören Luxusgüter zum persönlichen Auftritt und Style dazu. Ein Fünftel der Kunden fühlt sich sicherer. Doch nicht einmal jeder zehnte Kunde fühlt sich beim Tragen persönlicher Luxusgüter erhabener.

Bei den Konsummotiven gibt es signifikante Altersgruppenunterschiede: Demonstrativer, gesellschaftlich beeinflusster Konsum tritt am häufigsten in der Altersgruppe 18–29 Jahre auf, und hedonistische Konsummotive treten etwas häufiger bei Über-60-Jährigen auf. Die Auswirkungen von Luxusgüterkonsum auf eigenes Auftreten und eigene Schönheit sind für 18–29 und 30–59-Jährige Kunden am bedeutsamsten. In der Gruppe der Über-60-Jährigen gewinnt die Wichtigkeit des Stilfaktors an Einfluss. Die in Frankreich (Roux, Tafani & Vigneron, 2016), China (Yu, 2016) sowie den USA (Kim & Lee, 2015) und sogar in Deutschland bei Luxusmode (Storm, 2016) berichteten Geschlechtsunterschiede bei Luxuskonsummotiven konnten in dieser Studie jedoch nur marginal bestätigt werden: Frauen wiesen eine leichte Tendenz zu hedonistisch-genussorientierten Konsummotiven auf.

Diese zugrundeliegenden Konsummotive wirken sich auch auf das Konsumverhalten, besonders die Tragehäufigkeit und die Trageanlässe: Auch hierbei gibt es Alters- und Geschlechtsunterschiede:

Männer tragen persönliche Luxusgüter deutlich häufiger zuhause als Frauen es tun. Zudem trägt die jüngste Gruppe von Luxuskunden ihre persönlichen Luxusgüter am seltensten zu besonderen Anlässen, aber sie und die 30–59-Jährigen Kunden tragen persönliche Luxusgüter dafür im Vergleich zu den > 60-Jährigen deutlich häufiger zu Hause und auf der Arbeit. Zusätzlich ist festzuhalten, dass Luxusgüter von 60 % der Kunden mindestens mehrfach pro Woche getragen werden. Am häufigsten tragen die Altersgruppen 18–29 Jahre und > 60 Jahre ihre persönlichen Luxusgüter. In der Altersgruppe der 30–59-Jährigen zeigte sich eine etwas geringere Tragehäufigkeit.

5.2.4 Informationsverhalten im Second-Hand Luxussegment

Im Zuge der Digitalisierung zeigt sich ein radikaler Umbruch im Informationsverhalten im Luxussegment. Dies betrifft insbesondere die Häufigkeit und den Umfang der genutzten Informationsquellen.

Durch die Digitalisierung stehen Kunden völlig veränderte Informationsmöglichkeiten zur Verfügung. In der Befragung zeigte sich, dass bei der Informationssuche nach wie vor die traditionellen Kanäle Ladengeschäft und Schaufenster mit 57 % bzw. 45 % bedeutsam sind, doch fast genauso wichtig sind die Internetseiten von Luxusmarken und Internetwerbung mit 39 % bzw. 37 % sowie Internetsuchmaschinen mit 30 %. Das lange existente Monopol traditioneller stationärer Informationswege zu Luxusgütern ist langsam angegriffen: Die ersten beiden Phasen einer Kaufentscheidung (Aufmerksamkeitsgenerierung und Informationssammlung) von fast 40 % aller Luxuskäufe im Second-Hand Segment finden nun im Internet statt. Diese Zahlen sind kongruent mit Erkenntnissen der Digital Luxury Experience Studie 2013 von White Communications (44 % Informationsakquise im stationären Handel, 33 % Suchmaschinennutzung, 25 % Markenwebsitenutzung, 22 % redaktionelle Beitragsnutzung). Einzig die Bedeutsamkeit von Markenwebsites als Informationskanal ist heute um mehr als 12 % gestiegen, und die Relevanz von stationären Informationsquellen wird etwas höher bewertet als in der Studie von White Communications, die sich mit Luxusgütern allgemein befasste. Insgesamt informieren sich 44 % der Second-Hand Kunden nur oder eher online, 48 % zu gleichen Teilen online/offline, und lediglich 8 % primär oder ausschließlich offline. Dies unterstreicht Erkenntnisse von McKinsey aus dem Jahr 2015, wonach fast die Hälfte der Luxuskäufe digital beeinflusst wird.

Bei der allgemeinen Informationskanalwahl für Luxusprodukte zeigen sich deutliche Altersunterschiede: Jüngere Konsumenten nutzen das Internet. Diese Präferenz korreliert negativ mit dem Alter: Mit steigendem Alter zeigt sich eine stärkere Offline-Informationstendenz. Damit stehen die Ergebnisse im Einklang mit Studien zum allgemeinen Digitalverhalten und Mediennutzung. Die Unterschiede zeigen sich in der Auswahl der aufmerksamkeitsgenerierenden Kanäle, aber auch in der Art und Weise wie Kunden gezielt Informationen zu persönlichen Luxusprodukten suchen.

Bei der Nutzung von Informationskanälen gibt es auch deutliche Geschlechts- und Altersunterschiede: Männer informieren sich eher im Laden und auf Messen/Events, während für Frauen Celebrityfeatures in klassischen und sozialen Medien sowie soziale Medien insgesamt wichtige Informationsquellen sind. Letzteres stützt die Erkenntnisse von Deloitte (2015), die ebenfalls eine etwas häufigere Nutzung von sozialen Medien zur Informationsakquise bei Frauen gegenüber Männern beobachteten. Insgesamt ist jedoch keine dezidierte Online/Offlinepräferenz beim Informationsverhalten zwischen den Geschlechtern zu beobachten.

Stars in klassischen und sozialen Medien sind auch eine besonders wichtige Informationsquelle für Luxuskunden im Alter von 18–29 Jahren, während soziale Medien von 18–59-Jährigen Kunden als sehr wichtig eingeschätzt werden. Klassische Printmedien sind hingegen für die Altersgruppe > 60 Jahre ein wichtiges Informationsmedium. Bemerkenswerter Weise steigt die Bedeutung der allgemeinen Internetsuche mit dem Alter an, während die Relevanz eines Sales Advisors mit dem Alter sinkt.

Der hohe Stellenwert digitaler Informationskanäle zeigt sich auch in den Aufmerksamkeitstriggern für High End Second-Hand Shops: Fast 60 % der Nennungen entfallen auf die Aspekte Internetsuche, Preisvergleich im Internet, Produktsuche im Internet sowie Werbung in sozialen Medien. Dies bedeutet, dass das Gros der Kundenanwerbung im High End Second-Hand Segment auf ebendiesen digitalen Kanälen geschieht.

Dieser deutliche Trend zur Onlinenutzung wirkt sich auch auf die Kaufkanäle aus: Nur 15 % der Second-Hand Luxuskunden geben an, nur oder eher offline zu kaufen. 47 % kaufen sowohl online als auch offline, und 38 % sogar eher oder ausschließlich online. Diese Zahlen decken sich mit den Ergebnissen der Digital Luxury Experience Studie 2013 und einer Erhebung von Bain & Company (2017). Gleichzeitig sind sie auch Ausdruck eines Generationswandels: Die Präferenz für einen Offlinekauf steigt stetig mit zunehmendem Alter.

5.3 Ein besonderes Kundenprofil

Digitalisierung und die damit verbundene neue Informationsdynamik wird zu einem Medium, welches Veränderungsprozesse in Haltung des Kunden und damit in ihrem Verhalten initiiert und etabliert.

Kunden im Second-Hand Luxusmarkt zeichnen sich durch ein hohes Einkommen gepaart mit einem hohen Anspruch an Qualität und Exklusivität aus. Mit der zunehmenden Nutzung der Digitalisierung ist neues Anspruchsdenken zur Evaluation von Preis-Leistung im Luxusgütermarkt entstanden. In der vorliegenden Befragung gaben nur 3 % der Kunden an, auf Vergleiche vor einem Luxuskauf zu verzichten. Fast jeder dritte Kunde gibt an, vor einem Kauf bewusst Preise zu vergleichen.

Herrschte früher noch Freude über die Entdeckung eines Luxusproduktes, steht heute die Forderung nach transparenten Vergleichsmöglichkeiten aller Kriterien des Luxusgutes im Vordergrund. Durch die Digitalisierung stehen Informationen umfassend, jederzeit und überall zur Verfügung. Aus diesen Möglichkeiten hat sich ein Anspruchsdenken entwickelt, mit dem auch Luxusgüter zunehmend konfrontiert werden. Das alte Dogma „über Geld spricht man nicht" ist überholt. Der Preisvergleich von Luxusgütern ist für Jedermann in wenigen Mausklicks verfügbar, er gerät zur angesagten sportlichen Attitüde. Diese Einstellung löst das Paradigma des „stillen, schweigenden" Preisthemas auf: Über Preis wird aktiv diskutiert, und Preisbewusstsein bei Luxusgütern wird zunehmend gesellschaftsfähig. Es zeigt sich, dass unabhängig vom Einkommensniveau der Befragten eine zunehmende Entwicklung des Preis-Leistungsdenkens beobachtet werden kann. Preisbewusstsein und Luxuskauf sind keine Gegensätze mehr.

Insgesamt geben mehr als 41 % der Kunden an, dass das Preis-Leistungsverhältnis bei Second-Hand Luxusgütern für sie kaufentscheidend ist. Der Preis gerät zum fast ebenbürtigen Kaufmotiv wie die Produktqualität. Bei dem Erwerb eines Luxusgutes handelt es sich um sorgfältig geplante Vorhaben: Drei von vier Luxuskäufen sind keine Spontankäufe. Dies korrespondiert mit der Aussage, dass drei von vier Kunden auf Luxusgüter sparen, obwohl ausreichendes wirtschaftliches Potential verfügbar wäre. Der zeitliche und finanzielle Ablauf zur Kaufplanung stützt so die These des wachsenden Preisbewusstseins im Luxussegment.

Die verfügbare Vergleichbarkeit führt zur Auseinandersetzung und Neubewertung des Preis-Leistungsverhältnisses des Premium-Luxusmarktes im Vergleich zu Second-Hand Luxusgütern: In diesem Zusammenhang gaben drei Viertel der Kunden an, der Preis von Second-Hand Luxusgütern sei besser oder mindestens ebenbürtig wie der von Neuware. Fast die Hälfte der Kunden vertritt die Meinung, die Qualität von gebrauchten Luxusartikeln sei besser oder mindestens genauso gut wie bei Neuware. Weitere 40 % halten die Qualität für fast genauso gut wie bei Neuware.

Das etablierte Preispremium der Luxus-Neuware wird durch die verfügbaren Vergleichsmöglichkeiten öfter hinterfragt. Die Kunden äußern häufiger berechtigte Nachfragen wie „Warum soll ich bei Chanel eine Tasche neu für 4800 Euro kaufen, wenn ich für den Preis gleich zwei Chanel Taschen mit nur minimalen Gebrauchsspuren im Second-Hand Shop kaufen kann? Die sind genauso schön und werthaltig. Und wenn sie nicht sofort verfügbar sind, warte ich halt ein paar Wochen oder Monate auf meine Traumtasche" (Zitat einer Kundin eines High End Second-Hand Shops). Diese Einstellungsveränderung zeigte sich auch in der Studie von Bain & Company aus 2016, in der immer mehr Kunden einen höheren

Luxuswert für ihr Geld erwarteten. Selbst bei Luxusgütern gilt jetzt: Wo bekomme ich am meisten für mein Geld? Diese neuartige Konsumentenhaltung birgt radikal transformatives Potential für den Luxusmarkt der Zukunft.

Die besondere Attraktivität des Second-Hand Luxusgütermarktes schöpft auch aus dem Anspruch an Einzigartigkeit. In High End Second-Hand Shops lassen sich öfter nicht mehr produzierte, besondere Ausgaben und Modelle von Luxusmarken entdecken. Schätze, die möglicherweise jahrzehntelang im Dornröschenschlaf in Schränken lagen, können zu neuer Exklusivität erwachen. Die Angebote in diesem Spektrum bieten Erlebnisqualität im Sinne einer „Entdeckungsreise zu besonderen Schätzen". Die Bergung verschollener Schätze trägt wesentlich zur Aura von High End Second-Hand Classics bei. In der vorliegenden Befragung war das Faible für Vintage in der Altersgruppe 18-29 Jahre am stärksten ausgeprägt, In der Gruppe der 30–59-Jährigen nahm das Interesse leicht ab, und fiel stetig in der Altersgruppe der Über-60-Jährigen. Vintage ist ein aktueller Trend und verdeutlicht die besondere Kennerschaft seines Publikums: In dieser Klientel ist „getragene Geschichte" als wertsteigernden Kriterium anerkannt.

Diese Entwicklungen verdeutlichen den starken, immateriellen Produktwert im Sinne eines „Zaubers". Dieser entfaltet seine nachhaltige, volle Wirksamkeit erst im Auge und Herzen seines Betrachters und Eigentümers. Die Bedeutsamkeit des „Unfassbaren", aber Spürbaren ist die besondere Komponente des Luxus. Eine Auseinandersetzung mit den Wünschen und Sehnsüchten der Luxuskundschaft ist daher notwendig für eine langfristige Aufrechterhaltung der besonderen Aura von Luxus. Gerade für Luxus gilt, dass sich Kunden zweierlei wünschen: Eine transparente, quantitative Vergleichbarkeit gepaart mit maximaler Erlebnisqualität. So werden insbesondere im Informationszeitalter umfassende Kundenzufriedenheitsanalysen sowie ein genaues zum Erfolgsfaktor der gesamten Luxusindustrie: Höchst informierte und informationsaffine Kunden erwarten mehr – von Luxus, aber auch ganz besonders von Luxusanbietern.

5.4 Implikationen für die Praxis

Die Studie verdeutlicht ein enormes Wachstumspotential von über 133 % in der Kundenbasis von Second-Hand Luxusanbietern. Mehr als 42 % der Luxuskunden warten darauf, überzeugt zu werden. Diesem Entwicklungspotential steht jedoch aktuell einer dramatisch mäßigen Kundenzufriedenheit gegenüber.

Die Zufriedenheit der Kunden mit High End Second-Hand Läden ist deutlich schlechter als bei klassischen Luxusläden: Dabei vergibt jeder dritte Kunde nur die Note „befriedigend" oder schlechter. Bei klassischen Luxusläden sind dies nur halb so viele. Die erst junge Entwicklung der High End Second-Hand Branche scheint den Bereich Service und Einkaufserlebnis noch nicht optimal ausgestaltet zu haben: In der vorliegenden Befragung bewerteten 41 % der Kunden den Service und bzw. 42 % das Einkaufserlebnis mit der Note 3 oder schlechter. Bei den Kriterien Online/Offlineauftritt und Produktauswahl sind es fast genauso viele (38 %). Fast ein Drittel der Kunden beurteilt zudem die offerierte Produktqualität lediglich als befriedigend oder gar schlechter. In der Gruppe der Über-60-Jährigen Kunden zeigte sich die höchste Unzufriedenheit.

Um die große Gruppe potentieller Neukunden zu gewinnen, wären strategisch geplante Optimierungsmöglichkeiten im Leistungsspektrum notwendig. Bemerkenswerter Weise betrifft ein signifikanter Anteil der gewünschten Optimierungsmaßnahmen die Grundlage des Geschäftsmodells von Second-Hand Anbietern: Vertrauen in die Originalität der Produkte. Dies sowie Ambiente-bezogene Faktoren repräsentieren die wesentlichen Wünsche der Kunden:

1. Vertrauensförderung: Jeder vierte Kunde hat Vorbehalte hinsichtlich der Originalität der offerierten Ware. Damit wird die Grundlage des Geschäftsmodells von High End Second-Hand Shops in Frage gestellt: Wie kann sich ein Kunde in Zeiten von immer mehr und immer professionelleren Fälschungen sicher sein, nur Originalware zu erwerben? Jeder fünfte Kunde wünscht sich weitergehende vertrauensbildende Maßnahmen von Seiten der Läden. Der Wunsch nach Sicherheit und Vertrauen ist das Luxussegment unabdingbar.
2. Mehr Exklusivität: Second-Hand wird häufig mit Attributen wie billig, zweiter Wahl, niederem Status und Massenware in Verbindung gebracht. Dies trifft zwar nicht auf High End Second-Hand zu, dennoch birgt dieses Segment nicht von Natur aus Assoziationen mit Exklusivität. Jeder dritte Kunde wünscht sich daher mehr von dem Ambiente und der besonderen Aura, die in klassischen Luxusläden vorzufinden ist -damit nicht nur die Produkte erstklassig sind, sondern auch die Einkaufserfahrung. Dies ist auch wichtig vor dem Hintergrund der Tatsache, dass für fast alle Luxuskunden der Kauf eines persönlichen Luxusproduktes ein besonderes Ereignis ist, welches dementsprechend genossen und zelebriert werden sollte.
3. Optimierung der Produktpräsentation: Besondere Produkte verlangen eine besondere Präsentation. Diesbezüglich können sich High End Second-Hand Shops noch verbessern, meint fast jeder vierte Kunde. Dies umfasst eine detaillierte Beschreibung des Produktes und seines Zustandes, eine ansprechende Darbietung des Produktes die dessen magische Aura unterstreicht, sowie – besonders bei Onlineverkäufen – eine Produktverpackung, die die Freude am Besonderen unterstreicht.

4. Besserer Service: Luxusartikel zeichnen sich durch hohe Qualität, besondere Verarbeitung, und oftmals eine lange Markenhistorie aus. Dies kreiert eine einzigartige Aura und einen hohen immateriellen Wert der Produkte und auch des Konzeptes Luxus. Um dies adäquat zu transportieren und einen angemessenen Service zu bieten, braucht es kompetentes, spezifisch geschultes Personal. Kompetenz hierbei meint sowohl Produkt- und Markenkompetenz, wie auch Kommunikationskompetenz. Dieser besondere Service ist wichtig, um ein exklusives Einkaufserlebnis zu gewährleisten.

Auch wenn Preis und Produktqualität zentrale Kaufargumente für Second-Hand Designerartikel sind, verdeutlicht die Studie den häufig geäußerten Ruf nach einer „Omnichannel Experience", die die Essenz von Luxus auf allen Kanälen – online wie offline – optimal transportiert: Online legen Kunden Wert auf umfassende Produkt- und Markeninformationen, eine ansprechende Produktpräsentation, sowie Service in Form von kulanten Rückgabemöglichkeiten und gratis Lieferung. Die Offlineerfahrung von Kunden wird hauptsächlich geprägt durch das Ambiente und erstklassigen Service, der sich durch Freundlichkeit, Kompetenz und maximale Kundenorientierung auszeichnet. Kunden hegen daher auch eine hohe Erwartung an Erlebnis und den Zauber von Luxus – auch in den Läden, online wie offline.

Viele Second-Hand Anbieter sind reine Onlineshops. Die Bedeutsamkeit einer bestmöglichen Gestaltung einer Kundenerfahrung, die online wie auch offline die exklusive Aura von Luxus repräsentiert, ist eine der großen derzeitigen Herausforderungen im Luxussegment allgemein. Wie können Second-Hand Shops, deren Haupt- oder ausschließliche Aktionssphäre die Onlinewelt ist, ihren Kunden dennoch ein exklusives Ambiente und hochkarätigen Service bieten? Wie kann gewährleistet werden, dass die Onlinebestellung einer Luxushandtasche von Anfang bis Ende eine weitaus exklusivere Erfahrung ist, als eine Onlinebestellung von Discountersocken? Dies umfasst das gesamte Leistungsspektrum von (Online-)Produktpräsentation, -Beschreibung, Verpackung bis hin zum Kauf- und Nachkaufservice. Dies erfordert auch eine leichte Fokusverschiebung der Identität von High End Second-Hand Shops: Sie sind in erster Linie Anbieter von hochwertigsten Luxusartikeln, die – zweitrangig – schon einen Vorbesitzer hatten. Die Service- und Identitätsprägung ist daher klar am Luxussegment ausgerichtet. Es gilt, nicht nur die Erwartungen der Kunden zu erfüllen, sondern im Idealfall zu übertreffen. Dafür sind Optimierungen in den oben aufgezeigten vier Bereichen unabdingbar, um kurz- und langfristig Kundenzufriedenheit zu sichern. Diese ist auch aus strategischen Gesichtspunkten essentiell: Fast 40 % der Kunden durch

Mund-zu-Mund Propaganda zu den Läden finden: Dies ist nach dem Internet der zweitwichtigste Faktor für Kundenakquise im High End Second-Hand Bereich.

Dennoch ist eine starke digitale Präsenz für Second-Hand Luxusshops essentiell: Deutlich mehr als die Hälfte der Kunden findet hierüber ihren Weg zu einem Anbieter. Ebendiese Onlinekanäle sind auch von zentraler Bedeutung für die Informationsgewinnung in der Kaufanbahnungsphase – sowohl als aufmerksamkeitsgenerierende Quellen für neue Produkte, aber auch als Quellen gezielter Informationsakquise zu bestimmten Produkten. Daher können und sollten digitale Kanäle weitaus umfassender und strategischer von Second-Hand Luxusanbietern genutzt werden. Beispielsweise könnten Produktinformationen sowie Produkt- und Markenbeschreibungen ausführlicher gestaltet und anhand von suchmaschinenoptimierten Schlagwörtern aufgewertet werden. Dies würde einerseits dem Informationswunsch von Kunden nach ausführlicheren Produktbeschreibungen entsprechen, aber auch dem Anspruch an die transparente Vergleichbarkeit von Produktinformationen nachkommen. Gleichzeitig würde die digitale Sichtbarkeit und der Traffic von Second-Hand Luxusanbietern positiv beeinflusst werden.

Kundenfeedback birgt auch die Chance für ein generell besseres Kundenverständnis: Wie denken, entscheiden und kaufen Kunden gebrauchter Luxusgüter, was ist ihnen wichtig? Dies nicht nur besonders wichtig vor dem Hintergrund, dass sich Kunden im High End Second-Hand Sektor in einigen kaufentscheidungsrelevanten Bereichen deutlich von Käufern von ausschließlich Luxusneuware unterscheiden. Angesichts sich rapide verändernden Kundenerwartungen und Kundenhaltungen werden diese Einsichten auch wettbewerbsentscheidend: Einerseits führt die steigende Erwartung nach Mehrwert für Geld zu einem verschärften Preis-Leistungskampf durch mehr Vergleichbarkeit und Transparenz im Zeitalter der omnipräsenten Informationen. Gleichzeitig legen ebendiese informierten und kritisch vergleichenden Kunden auch eine besonders enge Bindung an Produkte, Shops und Marken an den Tag. Wie kann diesem scheinbaren Widerspruch – und den Kundenwünschen – bestmöglich auf allen Kanälen begegnet werden? Eng am Puls der Kunden zu sein lässt Kunden so zu wertvollen, aktiven Partnern der ganzheitlichen Unternehmensgestaltung werden.

Durch genaue Einsichten in Kaufentscheidungsprozesse und die damit verbundenen demografischen Dynamiken, beispielsweise bei Informationskanalnutzung oder Kaufmotiven, kann auch eine gezielte Kundenansprache ermöglicht werden. Dieses hochspezifische, zielgruppennahe Targeting steigert gleichermaßen die Effektivität der Kundengewinnung (Click-Through-Rates, Conversion Rates), sondern auch den Erfolg von Verkaufsberatung von Kunden, Kundinnen sowie bestimmten Altersgruppen. Das Wissen um die hochemotionale Bindung von

Kunden zu Marken und Produkten kann weiter in Verkaufsgespräche und Produktbeschreibungen einfließen, ebenso der hohe Stellenwert von Qualität. So kann durch ein besseres Kundenverständnis nicht nur das Angebot für den Kunden optimiert werden (mit positiven Auswirkungen auf die Kundenzufriedenheit), sondern auch der Geschäftserfolg messbar gesteigert werden.

5.5 Implikationen für die Wissenschaft

Trotz des initial-explorativen Charakters der Studie zeigt sie wichtige Tendenzen im Kundenverhalten im Second-Hand Luxussegment auf. Gerade vor dem Hintergrund der Möglichkeiten durch die Digitalisierung ist eine Auseinandersetzung mit dem veränderten Anspruchsdenken der zunehmend autonomen und hoch informierten Kunden notwendig. Was wollen Kunden wirklich – und was wünschen sie sich? Die Studie unterstreicht daher die Notwendigkeit einer ganzheitlichen Erfassung des Konsumentenverhaltens: Persönliche Dispositionen sowie Umwelteinflussfaktoren, aber auch Aspekte des Vorkaufverhaltens, Kaufverhaltens und Nachkaufverhaltens sind untrennbar miteinander verbunden. Gerade Gefühlszustände, Erlebnisqualitäten und Anspruchshaltungen von Kunden sollten auch in wissenschaftlichen Erhebungen verstärkt abgebildet werden. Dennoch sollte zunächst die Stabilität des Konstrukts kaufentscheidungsrelevanter Prozesse wissenschaftlich validiert werden.

Die Ergebnisse der Studie legen nahe, dass Käufer von gebrauchter Luxusware im Vergleich zu Käufern von ausschließlich Luxusneuware eine besondere Kundendynamik aufweisen. Beispielsweise zeigen Käufer von gebrauchter Luxusware ein um bis zu 20 % häufigere emotionale Bindung zu Luxusmarken, Luxusprodukten aber auch Luxusgeschäften, als es bei Käufern von ausschließlich Luxusneuware der Fall ist. Daher sollten weitere vergleichende Untersuchungen zu Kauf- und Konsumentscheidungsprozessen zwischen Gebraucht- und Neuwarekäufern im Luxussegment erfolgen.

Die Bedeutsamkeit einer Korrelation von demografischen Faktoren mit Kauf- und Konsumentscheidungsprozessen im Luxussegment ist eine weitere Erkenntnis der Studie: Zum einen bestehen in manchen Bereichen signifikante Unterschiede zwischen männlichen und weiblichen Käufern gebrauchter Luxusware, und zum anderen existieren starke intergenerationale Differenzen bei Luxusverständnis, Konsummotiven und genutzten Informationskanälen. Diese könnten ein Ausdruck eines sich wandelnden Verständnisses von Luxus sein, hierzu sind weitere Studien notwendig. Die generationale Informationskanalnutzung sowie die Kauf- und Konsummotive sollten auch in weiteren Studien vertieft werden, insbesondere im Hinblick auf scheinbare Diskrepanzen die sich in dieser Befragung ergaben: Beispielsweise sollte geklärt werden, warum einerseits traditionelle Aspekte von Luxus wie edle Materialien und Langlebigkeit für die Altersgruppe der über-60-Jährigen besonders bedeutsam sind, aber andererseits eine sinkende Bedeutung von hochwertiger Verarbeitung mit steigendem Alter beobachtet werden konnte. Es wurde auch festgestellt, dass trotz im Alter eher klassisch geprägten Informationskanälen die Bedeutung der allgemeinen Internetsuche mit dem Alter ansteigt, während die Relevanz eines Sales Advisors mit dem Alter sinkt. Auch dieser Umstand erfordert weitere Untersuchungen.

Ferner könnte der Einfluss von weiteren demografischen Parametern, wie zum Beispiel Bildungsniveau, Familienstand, Berufsstand oder Wohnort, auf Kaufentscheidungsprozesse im Luxussegment beleuchtet werden.

Generell sollte untersucht werden, ob die festgestellten Kaufentscheidungsverhaltensmuster sowie die geschlechts- und altersspezifische Dynamik auch für Käufer von ausschließlich neuen persönlichen Luxusgütern gelten. In weiteren wissenschaftlichen Studien könnte ferner untersucht werden, ob diese Dynamik auch in anderen interkategorialen Produktbereichen von Luxus, wie z. B. Luxusautos, Luxusreisen oder Luxuselektronik präsent ist. Gleiches gilt für die geschlechts- und altersgruppenspezifischen Unterschiede.

Wie denkt, fühlt und handelt der Luxuskunde der Zukunft? Eine ganzheitliche, demografisch korrelierte Erfassung des Konsumentenverhaltens im Luxussegment würde möglicherweise zu einem verbesserten Kundenverständnis beitragen.

Fazit 6

Der Second-Hand Luxus boomt. Jeder zehnte persönliche Luxusartikel wird heute gebraucht gekauft. Untersuchungen zum Kaufverhalten dieses Marktsegmentes sind jedoch rar. Diesem Umstand wollte die vorliegende Studie begegnen.

In Zusammenarbeit mit der Statista GmbH (Hamburg) wurde im Zeitraum vom 12.-22. Februar 2018 eine Befragung unter 418 Käufern von gebrauchten persönlichen Luxusartikeln durchgeführt. Die Befragung erfasste Kaufentscheidungsprozesse im High End Second-Hand Segment in Deutschland. Der Ansatz der Studie zielte auf die Abbildung eines breiten Spektrums von konsumbedeutsamen Entscheidungsprozessen in drei Phasen: Vorkauf-, Kauf-, und die Konsum-/Nachkaufphase. Dazu wurden individuell-persönliche und gesellschaftlich-kulturelle Einflussfaktoren auf das Kaufverhalten berücksichtigt. Die Daten wurden auf Alter und Geschlecht bezogen.

Die Ergebnisse der Befragung verdeutlicht auch den überkommenen, negativen Nimbus gebrauchter Luxusgüter. Second-Hand Luxus ist weit mehr als „nur für die, die sich keine neuen Luxusgüter leisten können". Entgegen der öffentlichen Wahrnehmung ist es auch kein Nischenmarkt, sondern wird schon heute von fast einem Drittel der Luxuskunden frequentiert. Weitere 42,5 % der Kunden sind interessiert. Damit übersteigt das Wachstumspotential von über 133 Prozent die Wachstumsprognosen zu anderen Teilsegmenten der Luxusbranche um ein Vielfaches.

Gleichzeitig zeigte sich ein interessantes Kundenprofil mit besonderen Ansprüchen:

- Die Wünsche der Kunden vom Second-Hand Luxus stellen klare Forderungen an die Produkte. In der grundsätzlichen Einstellung gegenüber Luxus zeigte

P. Grützmacher, *Second-Hand Luxus in Deutschland*, BestMasters,
https://doi.org/10.1007/978-3-658-32067-6_6

sich eine geschlechts- und altersübergreifende Einigkeit: Das Luxusverständnis wird primär geprägt von qualitativen und ästhetischen Ansprüchen.

- Kunden sind zudem hochgradig informiert und digitale Informationskanäle spielen eine wesentliche Rolle in Aufmerksamkeitsgenerierung für neue Produkte, Informationsgewinnung, und Kaufkanalwahl. Die Forderung dieser Kunden nach transparenter Vergleichbarkeit der Produktqualitäten und Preise waren auffallend: Transparente Preisvergleiche werden nicht nur durchgeführt, sondern auch erwartet. Unabhängig von der Einkommensklasse sind Überlegungen zum Preis-Leistungsverhältnis eines Produktes etabliert. Kunden erwarten mehr für ihr Geld.
- Dem hohen Anspruch an Qualität und Service stand jedoch eine nur mäßige Zufriedenheit mit Ambiente- und Dienstleistungsfaktoren gegenüber. Gefordert werden nicht nur vertrauensfördernde Maßnahmen und Authentizitätsgarantien, sondern auch eine bessere Produktpräsentation und Produktbeschreibung, sowie ein exklusiveres Ambiente. Diese Maßnahmen – sowie eine starke Digitalpräsenz – sind essentiell für High End Second-Hand Anbieter, um das große Marktpotential zu verwirklichen.
- Bei den Konsummotiven dominieren hedonistisch-emotionale Beweggründe. Dabei ist auffallend, dass ein Großteil der Kunden eine extrem starke emotionale Bindung zu ihren persönlichen Luxusprodukten, Luxusmarken und sogar Luxusgeschäften aufweist.

Die Studie erfüllt damit ihr Ziel, einen Einblick in die Konsumdynamik des High End Second-Hand Segmentes zu bieten. Ihre Ergebnisse stellen den Ausgangspunkt für weitere Studien in diesem Marktsegment dar. Beispielsweise könnte zunächst anhand der vorliegenden Daten auch ein detaillierter Vergleich zwischen Nur-Neuware-Käufern und Neu-/ Gebrauchtwarekäufern im Luxussegment erfolgen. Hier wären auch die Wechselwirkungen der Märkte aufeinander und miteinander zu untersuchen. Im Anschluss sollte das Informationsverhalten, Konsumverhalten und Anspruchsverhalten von Kunden im Luxussegment weiter untersucht werden. Trotz dieses initialen Charakters der Studie zeigt sie mehrere signifikante Marktströmungen auf.

Die Anspruchshaltung und Informationsnutzung der Luxuskunden verdeutlicht, dass diese Metaentwicklungen nicht nur für Anbieter im High End Second-Hand Markt relevant sind, sondern den gesamten Luxusmarkt nachhaltig verändern können. In ihrer Summe unterstreicht die Studie den Charakter von High End Second-Hand als hochpotenten, zukunftsweisenden (Teil)Markt des Luxusgütersegmentes, der keineswegs unterschätzt werden sollte.

Literaturverzeichnis

Allensbacher Markt- und Werbeträgeranalyse. (2016). *AWA 2016*. Zugang am 28.02.2018 über https://www.ifd-allensbach.de/awa/startseite-awa.html

Bain & Company. (29. Mai 2017). *2017 Luxury Goods Worldwide Market Study*. Zugang am 30.01.2018 über http://www.bain.de/Images/FINAL%20Bain%20Luxury%20Study%20Spring%20Update%20_May2017.pdf

Bain & Company. (2014). *Bain-Studie zum globalen Luxusgütermarkt: Langsameres Wachstum ist die neue Normalität*. Zugang am 30.01.2018 über http://www.bain.de/press/press-archive/bain-studie-zum-globalen-luxusguetermarkt-langsameres-wachstum-ist-die-neue-normalitaet.aspx

Bain & Company. (2013, October 1). 2013 Luxury Goods Worldwide Market Study. Zugang am 12.12.2017 über http://recursos.anuncios.com/files/581/60.pdf

Bain & Company. (15. Juni 2011). Luxury is booming – Bain & Company expects continued growth for 2011 in the luxury goods industry. Zugang am 30.12.2017 über http://www.bain.de/en/press/press-archive/bain-studie-luxus-boomt-bain-and-company-rechnet-2011-mit-anhaltendem-wachstum-fuer-die-luxusgueterbranche.aspx

Bearden, W. and Etzel, M. (1982). Reference group influence on product and brand purchase decisions. *Journal of Consumer Research, 9*(September), S. 183–194.

Becker, J. (1986). Die strategische (Neu-)Verteilung von Märkten. *Absatzwirtschaft, 29*(March), S. 78–88.

Becker, J. (1988). Das Verlust-in-der-Mitte-Phänomen. *Thexis, 5*(4), S. 39–43.

Belz, O. (1987). Die Magie der Premium-Marken. *Marketing Journal, 20*(6), S. 522–525.

Belz, O. (1994). Luxusmarkenstrategie. In M. Bruhn, *Handbuch Markenartikel*. (S. 646–652). Stuttgart: Schäffer-Poeschel.

Binnie, I., & Walker, S. (19. Mai 2014). Luxury goods market growth to slow in 2014: Bain. *Reuters*. Zugang am 30.11.2017 über http://www.reuters.com/article/2014/05/19/us-bain-luxury-idUSBREA4I0FI20140519

Bortz, J. & Döring, N. (2005). *Forschungsmethoden und Evaluation*. Heidelberg: Springer Verlag.

Braun, M. (1997). *Becoming an institutional brand: A long term strategy for luxury goods*. (Dissertation). Universität St. Gallen.

P. Grützmacher, *Second-Hand Luxus in Deutschland*, BestMasters, https://doi.org/10.1007/978-3-658-32067-6

Brosius, H-B., Haas, A. & Koschel, F. (2012). *Methoden der empirischen Kommunikationsforschung*. Wiesbaden: VS Verlag für Sozialwissenschaften.

Bunte. (2018). *Die schönsten Oscar-Roben aller Zeiten.* Zugang am 18.02.2018 über https://www.bunte.de/entertainment/film/oscars/oscars-2016/oscars-2016-die-schoensten-oscar-roben-aller-zeiten-254061.html

Carr, T. (2. Mai 2013). BCG: Four trends driving the new age of luxury. *Luxury Daily.* Zugang am 30.11.2017 über http://www.luxurydaily.com/bcg-four-trends-to-drive-retargeting-of-luxury-consumers

Carr, T. (2012). 55pc luxury spending now experiential purchases: BCG. *Luxury Daily.* Zugang am 30.11.2017 über http://www.luxurydaily.com/55pc-luxury-spending-now-experiential-purchases-bcg

Castarede, J. (2007). *Histoire du luxe en France.* Paris: Eyrolles.

Cohen, C. & Luostarinen, A. (n.d.). *What are the Y- Generation consumers' motivations for consuming and purchasing luxury goods?* Unpublished Manuscript: University of Monaco.

Cronbach, L. (1951). Coefficient alpha and the internal structure of tests. *Psychometrika, 16*, 297–334.

Datamonitor. (2013). *Global textiles, apparel and luxury goods industry analysis.* Zugang am 04.12.2017 über http://www.zjff.edu.cn:81/files/20130905/1378372205776_2.pdf

D'Arpizio, C. (28. Oktober 2013). Luxury Goods Worldwide Market Study Fall 2013. Zugang am 24.11.2017 über http://www.bain.com/publications/articles/luxury-goods-worldwide-market-study-fall-2013.aspx

D'Arpizio, C. (19. Mai 2014). *Luxury Goods Worldwide Market Study Spring 2014.* Zugang am 26.11.2017 über http://www.bain.com/publications/articles/luxury-goods-worldwide-market-study-spring-2014.aspx

Dubois, B., Laurent, G. & Czellar, S. (2001). *Consumer rapport to luxury: Analyzing complex and ambivalent attitudes.* (Working Paper). HEC Paris.

Dubois, B., Laurent, G. & Czellar, S. (2005). Segmentation based on ambivalent attitudes: The case of consumer attitudes toward luxury. *Marketing Letters, 16*(April), S. 115–128.

Dubois, B. & Laurent, G. (1995). Luxury possessions and practices: An empirical scale. *European Advances in Consumer Research, 2,* S. 69–77.

Dubois, B. & Laurent, G. (1996). The functions of luxury: A situational approach to excursionism. *Advances in Consumer Research, 23*(1), S. 470–477.

Enzensberger, H. M. (16. Dezember 1996). Reminiszenzen an den Überfluss: Der alte und der neue Luxus. *Der Spiegel.* Zugang am 04.12.2017 über http://www.spiegel.de/spiegel/print/d-9134042.html

Ernst & Young. (2017). *Luxury Business Report 2017.* Zugang am 04.12.2017 über http://www.ey.com/Publication/vwLUAssets/EY-luxury-business-report-2017/$FILE/EY-luxury-business-report-2017.pdf

Ernst & Young. (2013). Der Markt der Luxusgüter. Zugang am 18.12.2017 über http://www.ey.com/Publication/vwLUAssets/Luxus_made_in_Germany_2013/$FIL E/Studie-Luxus-made-in-Germany-dt.pdf

Euromonitor. (Oktober 2013). *The state of the luxury market.* Zugang am 18.12.2017 über http://euromonitor.typepad.com/files/luxury-goods-overview-for-the-giveaway-v2.pdf

Focus, & Medialine. (2009). Der Markt der Luxusgüter. Zugang am 18.12.2017 über http://www.medialine.de/media/uploads/projekt/medialine/docs/bestellung_download/marktanalysen/2009/foc_ma_luxusgueter_200908.pdf

Foscht, T. & Swoboda, B. (2011). *Käuferverhalten: Grundlagen, Perspektiven, Anwendungen.* Wiesbaden: Gabler Verlag.

Gabler Wirtschaftslexikon. (2017). *Definition Käufer- und Konsumentenverhalten.* Zugang am 11.01.2018 über, from http://wirtschaftslexikon.gabler.de/Definition/kaeufer-und-konsumentenverhalten.html

Google. (2013). *A Look at Luxury Shoppers Around the World.* Zugang am 31.01.2018 über https://www.thinkwithgoogle.com/consumer-insights/luxury-shoppers-around-world/

Gosling, S. D., Vazire, S., Srivastava, S., & John, O. P. (2004). Should we trust web-based studies? A comparative analysis of six preconceptions about Internet questionnaires. *American Psychologist, 59*(2), S. 93–104.

Grützmacher, P. (2015). *Desirability: The key to success in the luxury industry? An analysis of past motive research and call for the conceptualization of a new framework for factors moderating desirability of luxury goods.* Unpublished Master's Thesis. Oestrich-Winkel: EBS Universität für Wirtschaft und Recht.

Hauck, W., & Stanforth, N. (2007). *Cohort perception of luxury goods and services. Journal of Fashion Marketing and Management* (Vol. 11).

Hauptmanns, P. (1999). Grenzen und Chancen von quantitativen Befragungen mit Hilfe des Internet: In B. Batinic, A. Werner, L. Gräf & W. Bandilla (Hrsg.). *Online Research. Methoden, Anwendungen und Ergebnisse* (S. 21–38). Göttingen: Hogrefe

Kapferer, J.-N. (1997). Managing luxury brands. *Journal of Brand Management, 4*(4), 251–260.

Kapferer, J.-N. (2001). Luxusmarken. In: F.-R. Esch, *Moderne Markenführung,* (3. Ed.). Wiesbaden: Gabler Verlag.

Kim, J., & Lee, H.-H. (2015). Impacts of U.S. affluent consumers' luxury goods consumption beliefs on repeat purchases of luxury goods: Generational and gender comparison analyses. *Journal of Global Fashion Marketing, 6*(3), 207–221.

Krockow, C. (1989). *Die Heimkehr zum Luxus: von der Notwendigkeit des Überflüssigen.* Zürich: Kreuz Verlag.

Kroeber-Riel, W. & Weinberg, P. (2003). *Konsumentenverhalten.* München: Verlag Franz Vahlen.

Kroeber-Riel, W. & Weinberg, P. & Gröppel-Klein, A. (2009). *Konsumentenverhalten.* München: Verlag Franz Vahlen.

Kroeber-Riel, W. & Gröppel-Klein, A. (2013). *Konsumentenverhalten.* München: Verlag Franz Vahlen.

Kühn, I. (23. März 2017). Rebelle – Der Ausflug in die analoge Welt ist kein Luxus. *E-Tailment.* Zugang am 31.01.2018 über http://etailment.de/news/stories/Marketing-Mit-Second-Hand-Designer-Mode-auf-Expansionskurs-20383

Lasslop, I. (2002). Identitätsorientierte Führung von Luxusmarken. In: H. B. Meffert, M. Christoph/Koers, eds., *Markenmanagement.* Wiesbaden: Gabler Verlag.

Lederer, B. (n.d.). *Quantitative Datenerhebungsmethoden.* Zugang am 31.01.2018 über https://www.uibk.ac.at/iezw/mitarbeiterinnen/senior-lecturer/bernd_lederer/downloads/quantitativedatenerhebungsmethoden.pdf

Matlack, C. (22. März 2004). The Vuitton money machine: Inside the world's biggest, most profitable luxury brand. Business Week, S. 23.

Mazzalovo, G. (2003). Neue Wege zum Wachstum. *Absatzwirtschaft, 46*(Sonderausgabe zum Deutschen Marketing-Tag vom 24.10.2003: Dossier Luxus-Marketing), S. 84–91.

McKinsey (2013). *Digital Luxury Experience 2013.* Zugang am 31.01.2018 über http://www.sipepdesign.com/wp-content/uploads/2015/10/McKinsey-Study-Luxury-shopping-in-the-digital-age.pdf

Mühlmann, H. (1975). *Luxus und Komfort: Wortgeschichte und Wortvergleich.* (Dissertation). Rheinische Friedrich-Wilhelms-Universität zu Bonn.

Nagtegaal, L. (2009). *ABWL: Grundlagen des Marketings.* Zugang am 31.01.2018 über https://www.syracom.de/lehrveranstaltung/Marketing/3.%20K%e4uferverhalten.pdf

Nueno, J. L. & Quelch, J. A. (1998). The mass marketing of luxury. *Business Horizons, 41*(6), S. 95–98.

Nunally, J. c. & Bernstein, I. H. (1994). *Psychometric Theory.* New York: McGraw-Hill.

Okonkwo, U. (März 2009). Sustaining the luxury brand on the Internet. *Journal of Brand Management, 16*(5-6), S. 302–310.

Pospeschill, M. (2013). *Empirische Methoden in der Psychologie.* München: UTB Reinhardt.

Preilowski, N. M. (2012). *Luxus: Vergleichende Analyse des Konsumentenverhaltens bei Gütern und Dienstleistungen am Beispiel von Luxusaccesoires und -hotels.* Hamburg: Dr. Kovac.

Prensky, M. (2001). Digital Natives, Digital Immigrants. *On the Horizon, 9*(5).

Rammstedt, B. (2004). *Zur Bestimmung der Güte von Multi-Item-Skalen: Eine Einführung.* Mannheim: Zentrum für Umfragen, Methoden und Analysen. Zugang am 28.03.2018 über https://www.gesis.org/fileadmin/upload/forschung/publikationen/gesis_reihen/howto/how-to12br.pdf

Rasch, B., Friese, M., Hofmann W. J. & Naumann, E. (2010). *Quantitative Methoden.* Heidelberg: Springer Verlag.

Reich, C. (2005). Faszinationskraft von Luxusmarken: Eine empirische Untersuchung der Determinanten der Begehrlichkeit im Hinblick auf Luxusmarken und der resultierenden Wirkung auf die Kaufabsicht. In M. Zerres, *Hamburger Schriften zur Marketingforschung.* Hamburg: Rainer Hampp Verlag.

Reith, R. & Meyer, T. (2003). *Luxus und Konsum – eine historische Annäherung.* Münster: Waxmann Verlag.

Reitzle, W. (2001). *Luxus schafft Wohlstand: Die Zukunft der globalen Wirtschaft.* Reinbeck: Rowohlt Verlag.

Reuters. (2017). *Digital News Report 2017.* Zugang am 27.03.2018 über http://www.digitalnewsreport.org/

Reynolds, S. (2012). *Retromania: Warum Pop nicht von seiner Vergangenheit lassen kann.* Mainz: Ventil Verlag.

Roland Berger. (2017). *Branchenmonitor: Das deutsche High-End-Segment 2017.* Zugang am 20.01.2018 über https://www.rolandberger.com/de/press/High-End-Markt.html

Rossmann, A. & Sonntag, R. (2013). Social Commerce – Der Einfluss interaktiver Online-Medien auf das Kaufverhalten der Kunden. In: Dialogmarketing Verband e. V. (Hrsg.). *Dialogmarketing perspektiven 2012/13,* S. 149–178. Wiesbaden.

Rost, J. (1996). *Lehrbuch Testtheorie und Testkonstruktion.* Bern: Huber Verlag.

Roux, E., Tafani, E. & Vigneron, F. (2016). Values associated with luxury brand consumption and the role of gender. *Journal of Business Research*. Zugang am 27.02.2018 über http://www.isihome.ir/freearticle/ISIHome.ir-22165.pdf

Salkind, N. J. (2010). *Encyclopedia of Research Design*. Los Angeles: Sage.

Sarris, V. (1990). *Methodische Grundlagen der Experimentalpsychologie 2: Versuchsplanung und Stadien*. München: Reinhardt.

Schenk, H.-O. (2007). *Psychologie im Handel*. Berlin: De-Gruyter Verlag.

Shanahan, S. (2010). Dialogmarketing im Luxussegment. In M. Zerres, *Hamburger Schriften zur Marketingforschung*. Hamburg: Rainer Hampp Verlag.

Shome, S. & Roy, A. (September 2013). The impact of luxury products on consumers: A study in difference in attitude of urban educated Indian youth. *Pacific Business Review International 6(3)*, S. 38–46.

Sinus Institut. (2017). *Sinus Milieus Deutschland*. Zugang am 31.01.2018 über https://www.sinus-institut.de/sinus-loesungen/sinus-milieus-deutschland/

Srinivasan, R., Srivastava, R. K. & Bhanot, S. (2014). Impact of age on purchase behaviour of luxury brands. *Journal of Research in Business and Management* 2(9). S. 19–32.

Statista. (2013). Value of the personal luxury goods market worldwide from 1995 to 2013 (in billion euros). Zugang am 10.02.2018 über http://www.statista.com/statistics/266503/value-of-the-personal-luxury-goods-market-worldwide/

Statista. (2017). *Recommerce: Statista Consumer Survey Report*. Hamburg: Statista.

Statista. (2017). *Mediennutzung nach Altersklassen*. Zugang am 27.03.2018 über https://de.statista.com/statistik/daten/studie/75121/umfrage/mediennutzung-nach-altersklassen/

Statista. (2018). *Sales share of the luxury goods market worldwide from 2007 to 2013, by gender*. Zugang am 19.02.2018 über https://www.statista.com/statistics/246146/sales-of-the-luxury-goods-market-worldwide-by-gender/

Stokburger-Sauer, N. E. & Teichmann, K. (Juni 2011) Is luxury just a female thing? The role of gender in luxury brand consumption. *Journal of Business Research 66*, S. 889–896.

Storm, S. (2016). *Der Konsum von Luxusmode: Im Zeichen von Kaufmotiven und Kaufemotionen*. Hamburg: Verlag Dr. Kovac.

Technische Universität Dresden: Juniorprofessur für Methoden der Psychologie und kognitive Modellierung. (2017). *Konstruktvalidität*. Zugang am 22.02.2018 über http://versuch.file2.wcms.tu-dresden.de/w/index.php/Konstruktvalidit%C3%A4t

Technische Universität Dresden: Juniorprofessur für Methoden der Psychologie und kognitive Modellierung. (2017). *Inhaltsvalidität*. Zugang am 22.02.2018 über http://versuch.file2.wcms.tu-dresden.de/w/index.php/Inhaltsvalidit%C3%A4t

Thielsch, M. T. & Weltzin, S. (2009). Online-Befragungen in der Praxis. In T. Brandenburg & M. T. Thielsch (Hrsg.), *Praxis der Wirtschaftspsychologie: Themen und Fallbeispiele für Studium und Praxis*. (S. 69–85). Münster: MV Wissenschaftsverlag.

Tyskiewicz, B. (24. Januar 2018). *Vintage Couture*. Zugang am 24. Januar 2018 über http://blog.romaetoska.com/2018/01/24/vintage-couture/

Valtin, A. (2004). *Der Wert von Luxusmarken: Determinanten des konsumentenorientierten Markenwertes*. (Dissertation). Universität Mannheim.

Veblen, T. B. (1899). *The Theory of the Leisure Class: An Economic Study of Institutions*. London: Macmillan Publishers.

Veblen, T. B. (1981). *Die Theorie der feinen Leute: Eine ökonomische Untersuchung der Institutionen.* München: Deutscher Taschenbuch Verlag.

Vickers, J. & Renand, F. (2003). The marketing of luxury goods: An exploratory study – three conceptual dimensions. *The Marketing Review, 3*(3), S. 459–478.

Vukelic, S. (2000). *Unternehmensidentität als Ressource: Eine Untersuchung zur Bedeutung eines identitätsorientierten Ressourcenmanagements für die Unternehmensführung in der Luxusgüterindustrie.* (Dissertation). Technische Universität München.

Winterbauer, S. (2004). *Es gibt Dinge, die man haben muss.* In: Kressthema, Herbst 2004.

Yu, S. (2016). *Luxury consumption motivations of the younger generation in Wuhan, China.* Unpublished Bachelor Thesis: Turku University of Applied Sciences.

Made in the USA
Las Vegas, NV
12 November 2024

11561940R20063